K-STEAM
코딩 따라잡기

케이스팀 코딩 활용 능력

민재식
- 울산청소년과학탐구연구회 대표
- 이학 박사, 교육학 박사
- 전국과학교사협회 이사
- 제1회 울산과학기술인상 수상(2006)
- 제4회 올해의 과학교사상 수상(2006)
- 2015 울산참교육인상 수상(2015)
- 제8회 대한민국 스승상 수상(2019)

장민혁
- 울산과학기술원 경영학부 전공
- 울산과학기술원 스마트항만물류R&D과제 참여 연구원
- 울산청소년과학탐구연구회 IT교육 보조 강사
- 동남권과학창의진흥센터 IT교육 주강사
- ㈜케이스팀 대표

신승진
- 삼일여자고등학교 STEAM교사연구회 활동
- 데이터리터러시교육연구회 회장
- 울산과학관 코딩및드론 강사
- 울주중부청소년수련관 코딩 강사
- 울산청소년과학탐구연구회 코딩 강사

서인석
- 울산과학기술원 컴퓨터공학 전공
- 울산과학기술원 창업팀 ㈜로드인터내셔널 인턴
- 울산과학기술원 스마트항만물류창업팀STROC 기술 책임자
- 울산과학기술원 보안연구실 S2Lab 참여 연구원
- ㈜케이스팀 공동 창업자

K-STEAM 코딩 따라잡기
케이스팀 코딩 활용 능력

1판 1쇄 인쇄	2022년 12월 22일
1판 1쇄 발행	2022년 12월 29일
지은이	민재식 신승진 장민혁 서인석
펴낸이	원용수
펴낸곳	피엠미디어
출판신고	제2020-000135호(2020년 12월 11일)
주소	서울특별시 성동구 성수이로 147 아이에스비즈타워 604호(성수동2가)
대표전화	02-557-1752
이메일	wonyongsu@prometheusmedia.net
ISBN	979-11-973306-3-6 (13000)

* 책값은 뒤표지에 있습니다.
* 이 책의 저작권은 지은이와 피엠미디어에 있습니다. 이 책의 내용 전부 또는 일부를 재사용하려면 반드시 양측의 서면 동의를 사전에 받아야 합니다.

K-STEAM 코딩 따라잡기

케이스팀 코딩 활용 능력

민재식 신승진 장민혁 서인석 지음

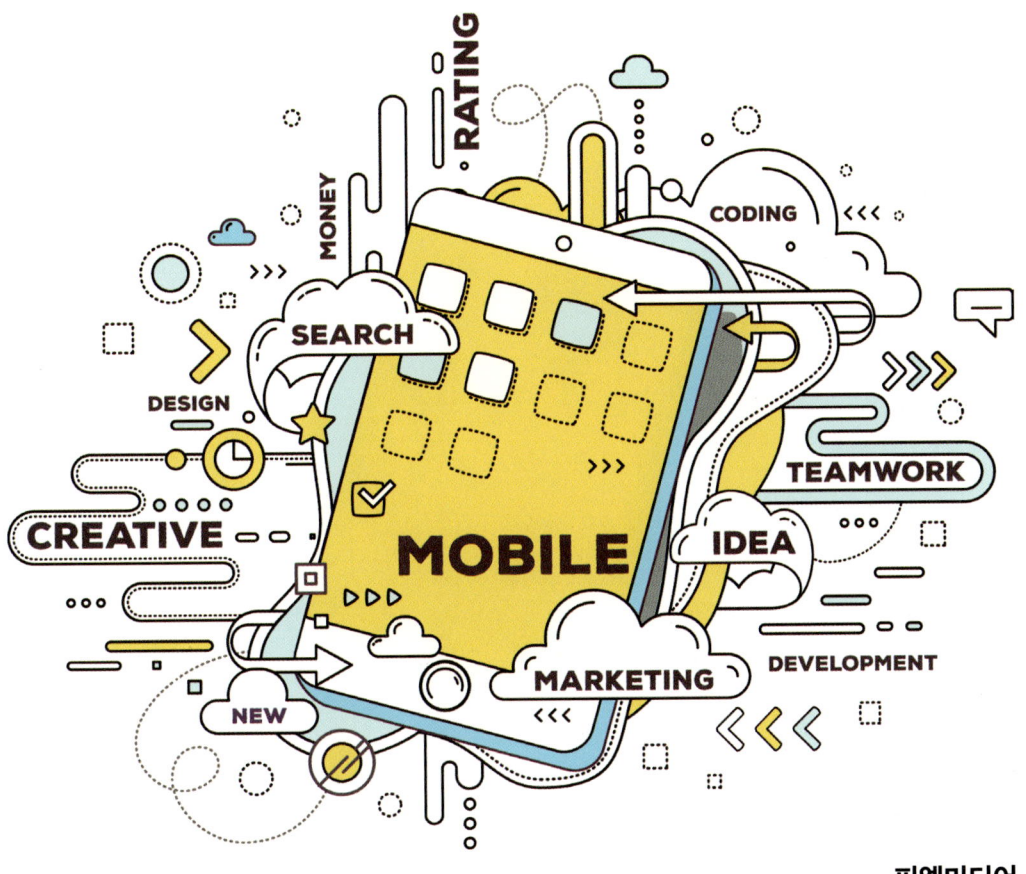

피엠미디어

프롤로그

나는 실패한 것이 아니었다. 단지 성공하지 않는 1만 가지 방법을 발견했을 뿐이다.

- 토마스 A. 에디슨 -

프로그래밍을 공부하다 보면 가장 유명한 "404 NOT FOUND" 메시지부터 생소한 컴파일 오류까지 각양각색의 오류들을 접하게 됩니다. 심지어 어제 작동했던 코드가 오늘은 작동되지 않는, 정말 어처구니가 없는 상황도 종종 발생하곤 합니다.

그렇지만 이 모든 것을 해결했을 때의 성취감은 이루 말할 수 없습니다. 오류가 발생할 때마다 힘들게 느껴지면 에디슨처럼 생각해 보세요. 1백 가지 길 가운데 실패하는 길이 99가지라면, 그리고 지금 자신이 첫 번째 실패한 길에 들어섰다면, 그것은 실패가 아니라 0.01%였던 성공 확률이 0.0101%로 오르는 순간이라는 것을!

이 책에서는 '아두이노란 무엇인가'로 시작하여 〈STEAM 교육 과정〉과 〈2022 개정 교육 과정〉에 부합하는 다양한 콘텐츠들을 소개하고 있습니다. 콘텐츠가 끝날 때마다 여러 가지 과제들로 학습 내용을 복습할 수 있습니다. 텍스트 코딩이 아닌 블록 코딩으로 진행되기 때문에 코딩에 처음 입문하더라도 쉽게 배울 수 있습니다.

22가지 과제를 모두 학습하고 나면 직접 자신만의 프로젝트를 만들어 공유해 보세요. 다른 사람들과 아이디어를 공유하면서 학습하다 보면 자신감도 생기고 코딩이 더욱 즐거워질 것입니다.

독자 여러분이 만들고 싶은 프로젝트를 직접 구현하는 그날이 올 때까지 K-STEAM이 함께하겠습니다.

PART I K-STEAM

1. K-STEAM 블록 코딩 앱 … 12
2. K-STEAM 앱 기능 … 13
3. 아두이노 부품 블록 … 25

PART II 프로그램

1. 신호등 만들기 … 36
2. 스마트 가로등 만들기 … 42
3. 소리 인식 가로등 … 50
4. 모차르트 작곡가 되기 … 58
5. 뚜껑 열리는 쓰레기통 만들기 … 66
6. 나는야 저금왕! … 70
7. 자동차 후방 센서 만들기 … 78
8. 초음파 거리재기 … 84
9. 안전하고 똑똑한 신호등 … 90
10. 도트 매트릭스 목걸이 … 98
11. 위기의 북극곰 (서보 모터 활용) … 104
12. 위기의 북극곰 (온습도 센서 활용) … 112
13. 에어컨 NO! 선풍기 YES! … 118
14. 미세 먼지 경보기 … 126
15. 에너지 절약 경보기 … 134
16. 스마트 팜 (교실 정화 식물 키우기) … 146
17. 초음파 센서 무드등 … 160
18. 소리 센서 센서 무드등 … 170
19. 귀차니스트를 위한 무드등 … 182
20. 조도 센서 무드등 … 188
21. 에너지 절약 경보 무드등 … 194
22. 도트 매트릭스 이퀄라이징 … 206

부록

1. 프로그래밍	218
2. 아두이노	219
3. 전기와 브레드 보드	223
4. 입력과 출력 Parts Name	226
5. 디지털 신호와 아날로그 신호	228
6. LED	229
7. 조도 센서	231
8. 택트 스위치	234
9. 피에조 부저	236
10. 초음파 센서	238
11. 모터	240
12. 적외선 센서	244
13. 도트 매트릭스	245
14. 네오픽셀	247
15. 온습도 센서	250
16. I2C LCD	251

교재 활용 가이드

이 교재에서 사용하는 블록 코딩은 모바일을 이용하여 진행됩니다. 앱은 구글 플레이스토어에서 손쉽게 다운로드할 수 있습니다.

이 교재는 **I부**와 **II부** 그리고 **부록** 등 크게 세 부분으로 구성되어 있습니다.

I부에서는 K-STEAM 블록 코딩 앱을 활용하는 방법을 안내합니다.

K-STEAM 앱을 설치한 후(설치 방법은 아주 간단해 별도로 안내하지 않습니다), 실행하면 다음과 같은 메인 페이지 화면이 나옵니다. 이 화면 왼쪽을 보면 코딩에 필요한 블록들이 배치되어 있는 것을 확인할 수 있을 것입니다.

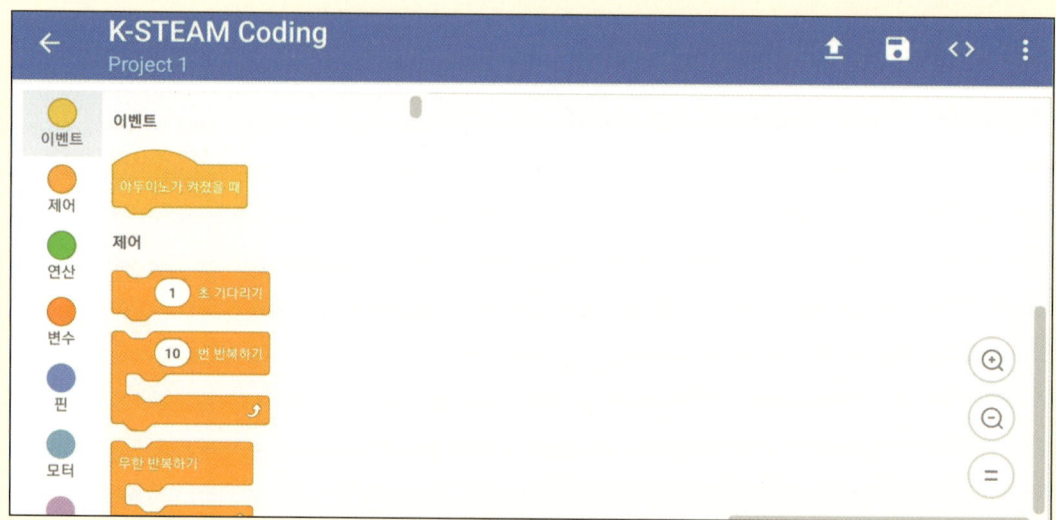

K-STEAM 블록 코딩 메인 페이지

2장에서는 K-STEAM 앱의 기능들을 하나씩 소개합니다. 컴파일(실행) 기능, 프로젝트를 저장하고 불러오기, 텍스트 코드 변환하기, 코딩할 때 주의할 점 등을 먼저 익힙니다. 그런 다음, 이벤트

블록, 제어 블록, 연산 블록, 변수 블록, 아두이노 부품 블록 등을 상세하게 따라 배우고, 여러 종류의 아두이노를 설정하고 블록을 업데이트하는 방법도 익히게 됩니다.

3장에서는 2장에서 소개한 다양한 블록들이 핀, 모터, 센서, 디스플레이, 소리, 통신, 컨트롤러 등 실제 아두이노의 각종 부품과 어떻게 연동되는지 상세하게 소개하고 있습니다. 각 블록을 활용하는 방법을 예시와 함께 설명하고 있어 이해하기 쉬울 것입니다.

II부에서는 〈STEAM 교육 과정〉과 〈2022 개정 교육 과정〉에 부합하여 K-STEAM이 자체적으로 만든 22가지 콘텐츠를 소개합니다. 콘텐츠마다 '프로젝트 이름 - 준비물 - 회로도 구성 - 코딩 구성' 등으로 이루어져 있어 빠뜨림 없이 프로젝트를 따라할 수 있을 것입니다.

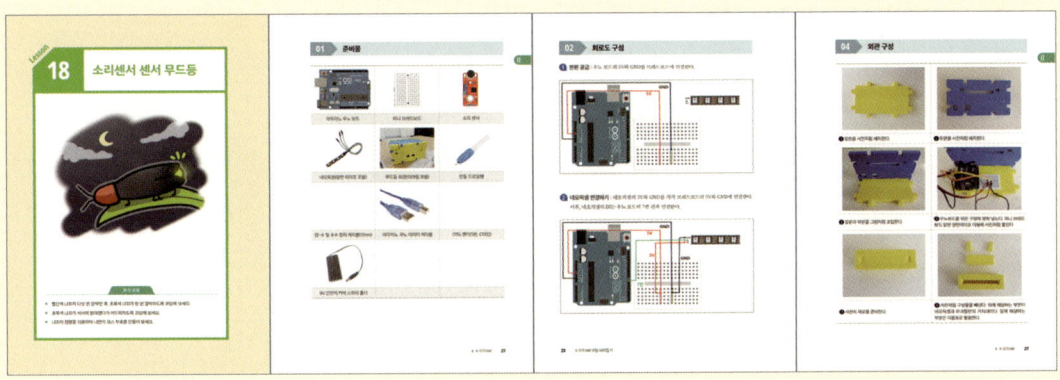

각 프로젝트를 완성하고 나면 한 단계 더 나아가 익힌 과정을 되새김질하면서 심화 학습할 수 있게끔 '추가 과제'를 마련해 두었습니다(프로젝트별 맨 앞 페이지 참조). 구체적인 과제 수행 가이드도 함께 제시해 두었으니 따라하기 어렵지 않을 것입니다. 추가 과제의 해설은 따로 제공합니다.

마지막으로 **부록**에서는 아두이노에 대한 기초 지식을 소개합니다. 프로그래밍과 아두이노의 정의, 아두이노 구성 회로와 부품별 설명, 전자회로의 이론적 설명 등으로 이뤄져 있습니다. 사진과 표를 이용하여 간결하게 설명하고 있어 아두이노에 처음 입문하더라도 쉽게 이해할 수 있을 것입니다.

PART

I

K-STEAM

1. K-STEAM 블록 코딩 앱
2. K-STEAM 앱 기능
3. 아두이노 부품 블록

01 K-STEAM 블록 코딩 앱

K-STEAM 앱에 처음 접속하면 [그림 1]과 같은 화면이 나타난다. 화면 왼쪽에는 코딩에 필요한 블록들이 배치되어 있다. 해당 블록들을 [그림 2]처럼 오른쪽 패널에 '끌어서 놓는(드래그-앤-드롭)' 방식으로 코딩할 수 있다.

[그림 1] K-STEAM 앱 메인 화면

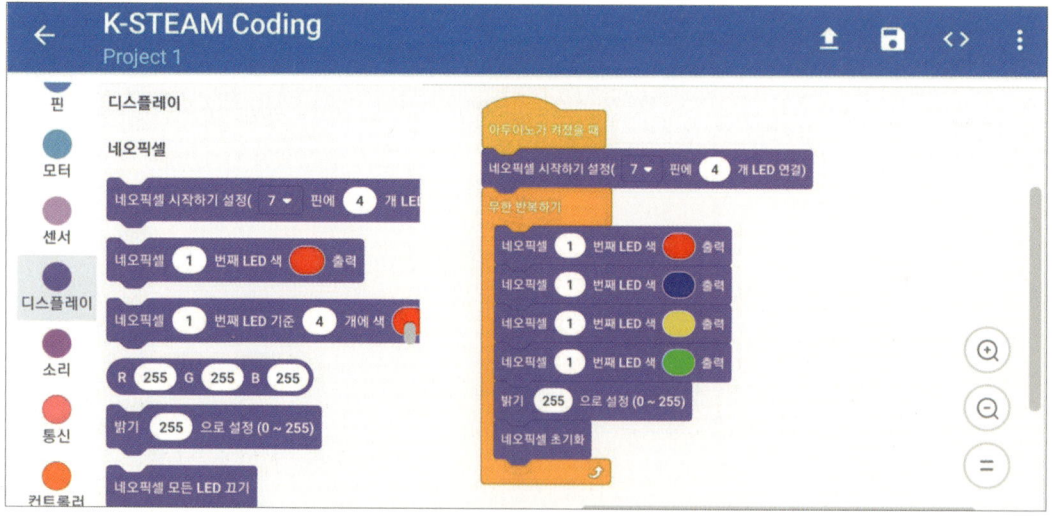

[그림 2] 드래그-앤-드롭 방식의 코딩 (네오픽셀 색 조절하기)

02 K-STEAM 앱 기능

1. 컴파일(실행) 기능

　코드를 작성한 후, 모바일과 아두이노를 OTG(On-The-Go) 젠더로 연결한다. 작성한 코드를 아두이노를 통해 실행하려면 [그림 3]에 보이는 ⬆ 버튼을 클릭하면 된다. 해당 버튼을 클릭하면 [그림 4]와 같이 '컴파일 성공' 문구가 나타난다.

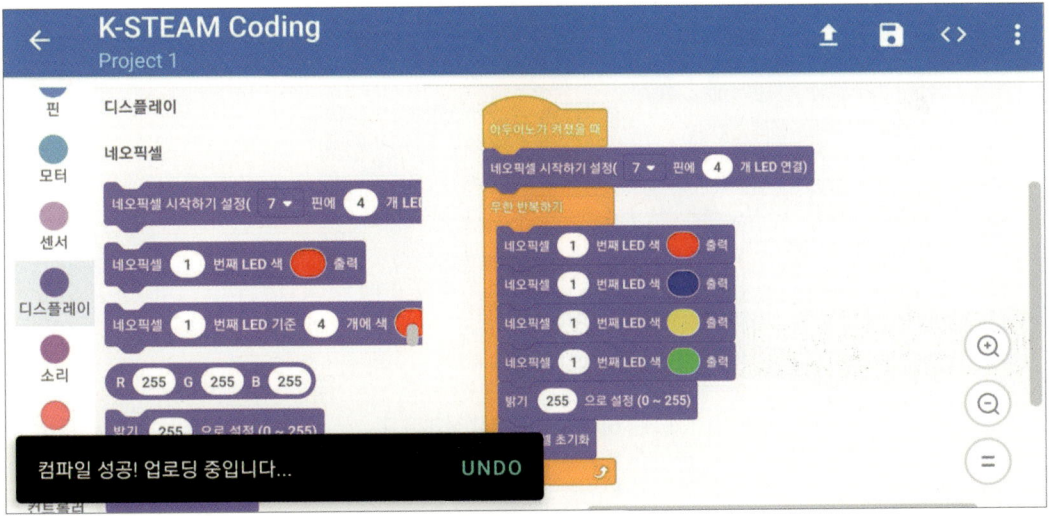

[그림 3] 컴파일 버튼 위치

[그림 4] 컴파일 성공 문구 화면

Ⅰ. K-STEAM

2. 프로젝트 저장 및 불러오기 기능

작성한 코드를 저장하고 싶으면 [그림 5]의 오른쪽 위(빨간 점선 안)에 보이는 저장 버튼을 클릭하면 된다. 버튼을 클릭하면 [그림 6]과 같이 '블록 저장하기 성공'이라는 문구를 확인할 수 있다. 이후, 저장한 프로젝트를 불러오려면 [그림 7]에 보이는 다운로드 버튼을 클릭하면 된다.

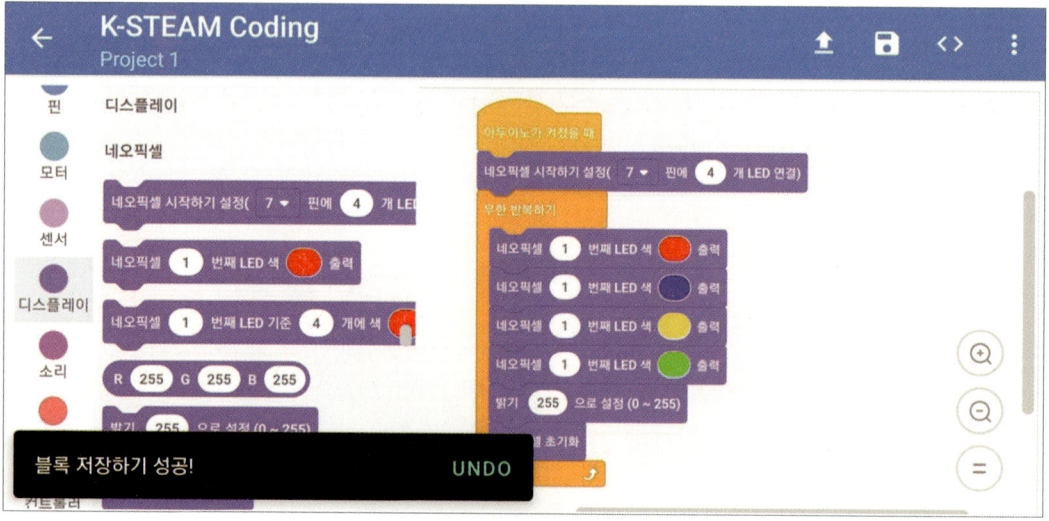

[그림 5] 프로젝트 저장 버튼 위치

[그림 6] 프로젝트 저장 성공 문구

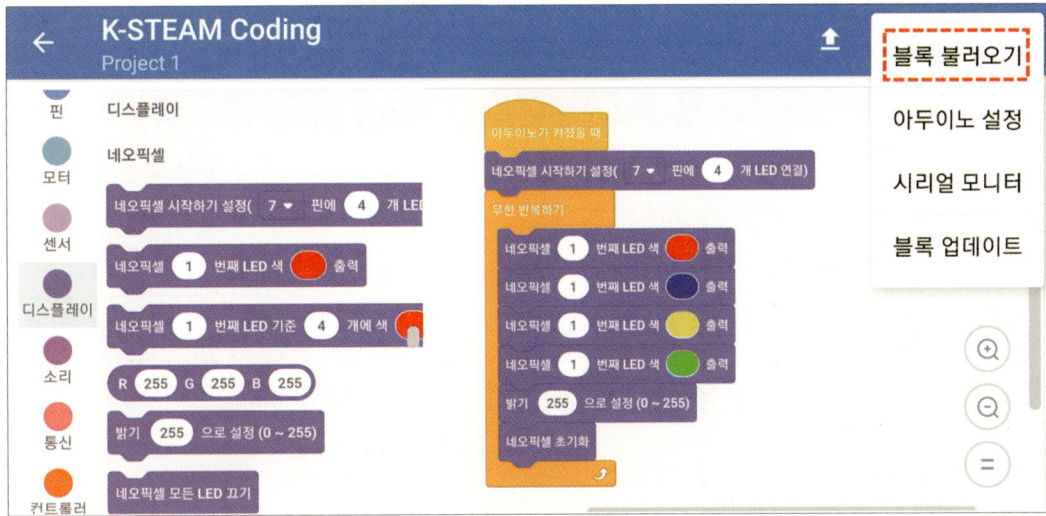

[그림 7] 프로젝트 불러오기 버튼

3. 텍스트 코드 변환 기능

작성한 블록 코딩을 텍스트 코딩으로 변환하고 싶을 경우, [그림 8]에서 표시하는 변환 버튼을 클릭하면 된다. 해당 버튼을 클릭하면 [그림 9]와 같이 텍스트 코드로 화면이 전환되는 것을 확인할 수 있다.

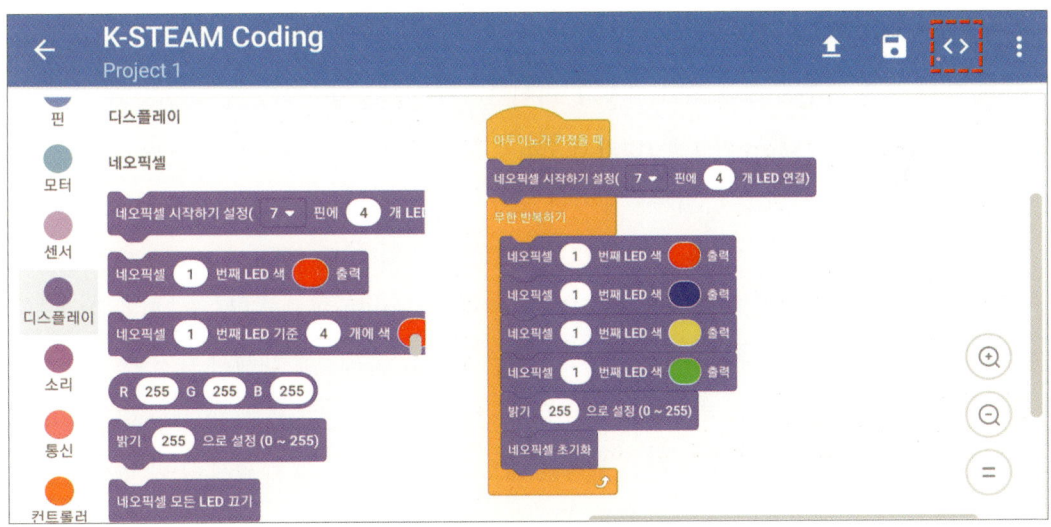

[그림 8] 텍스트 코드 변환 버튼

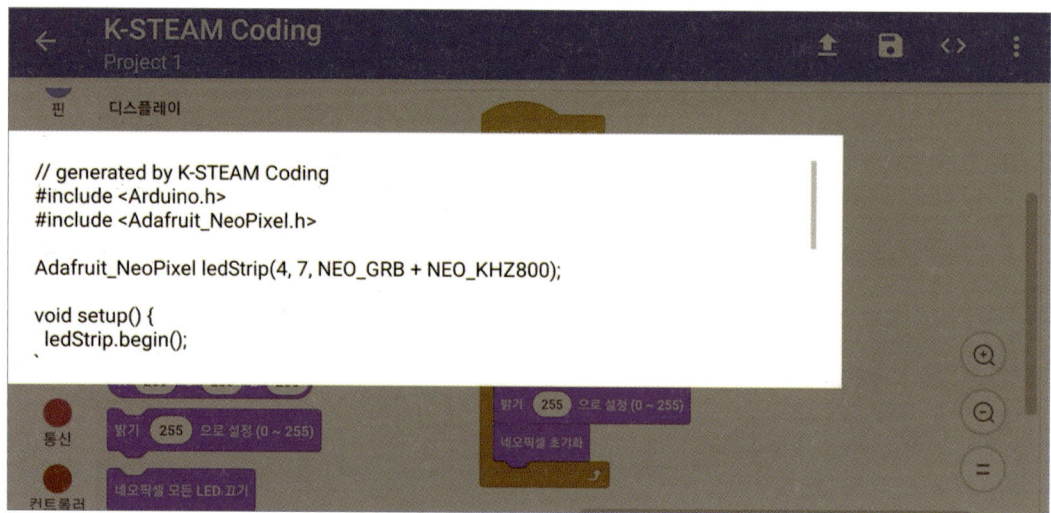

[그림 9] 텍스트 코딩 변환 화면

4. 코딩할 때 주의할 점 3가지

아두이노를 코딩할 때에 주의해야 할 점은 크게 세 가지다. 첫째, 사용할 함수들에 대한 정보를 포함하고 있는 '라이브러리'를 선언해야 한다. 음식을 먹고 싶으면 식당으로 가고 옷을 사고 싶으면 백화점에 가듯이, 사용하고 싶은 함수가 있다면 해당 함수를 제공해줄 수 있는 '라이브러리'를 참조해야 한다. 블록 코딩에서 라이브러리는 'OOO 시작하기 설정' 블록을 통해 자동으로 선언할 수 있다.

둘째, 변수 혹은 함수에 대한 초기 설정 및 라이브러리 선언은 아두이노를 시작할 때 '한 번만' 해주어야 한다. 그렇기 때문에 [그림 10]의 네오픽셀 색 조절하기 코드에서도 무한 반복하기 블록 바깥에 '네오픽셀 시작하기 설정' 버튼을 추가한 것이다.

셋째, 아두이노에 원하는 기능을 추가하기 위해 코드를 작성할 때, 해당 기능들은 반드시 '무한 반복하기' 블록 안에서 설정해주어야 한다. 코드들은 컴파일될 때, 위에서 밑으로, 왼쪽에서 오른쪽으로 지나가는 정형화된 순서가 있다. 이때, 한 번 지나친 블록들에 대해서 특정 조건이 없다면 다시 컴파일되지 않는다. [그림 11]에서 '아두이노가 켜졌을 때' 블록은 맨 처음 한 번만 실행되고 이후에는 다시 실행되지 않는다. 다음 블록인 '네오픽셀 시작하기 설정' 역시 단 한 번만 실행되고 이후에는 다시 실행되지 않는다. 하지만 다음 '무한 반복하기' 블록부터는 여러 번 실행할 수 있다. '무한 반복하기' 블록은 해당 블록 안에서 실행되는 코드들에 대해 여러 번 반복할 수 있도록 조건을 제시해주는 '(조건) 제어' 블록이기 때문이다. 따라서 아두이노를 이용하여 어떤 구성 요소 이름(Parts Name)을 만들거나 특정 기능을 지속해서 활용할 수 있게 코드를 작성하고 싶다면 반드시 '무한 반복하기' 블록 안에서 코드를 진행해야 한다.

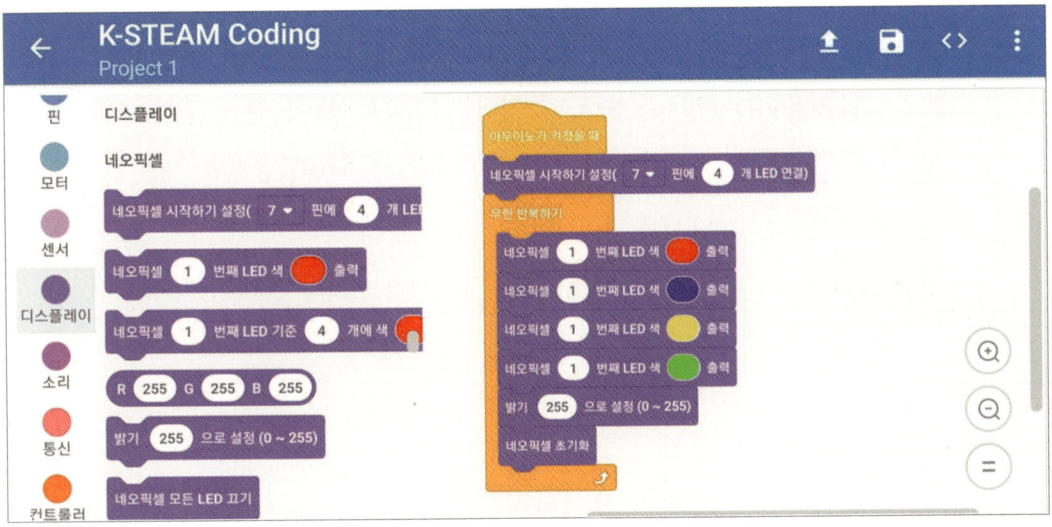

[그림 10] 아두이노 코딩 시, 주의할 점 3가지

5. K-STEAM에서 쓸 수 있는 블록 기능

K-STEAM 블록은 크게 '이벤트 블록', '제어 블록', '연산 블록', '변수 블록', '오브젝트 블록' 등 총 5가지로 나눠진다.

① 이벤트 블록

이벤트 블록에는 [그림 11]처럼 '아두이노가 켜졌을 때' 블록 하나만 있는데, 문자 그대로 아두이노가 작동될 때 인식을 도와주는 블록이다. 아두이노가 꺼져 있을 때는 컴파일이 중지되어야 하는데, 아두이노의 on/off를 탐지하여 on일 경우에는 코드를 컴파일하고, off일 경우에는 코드를 컴파일하지 않도록 해주는 역할을 한다.

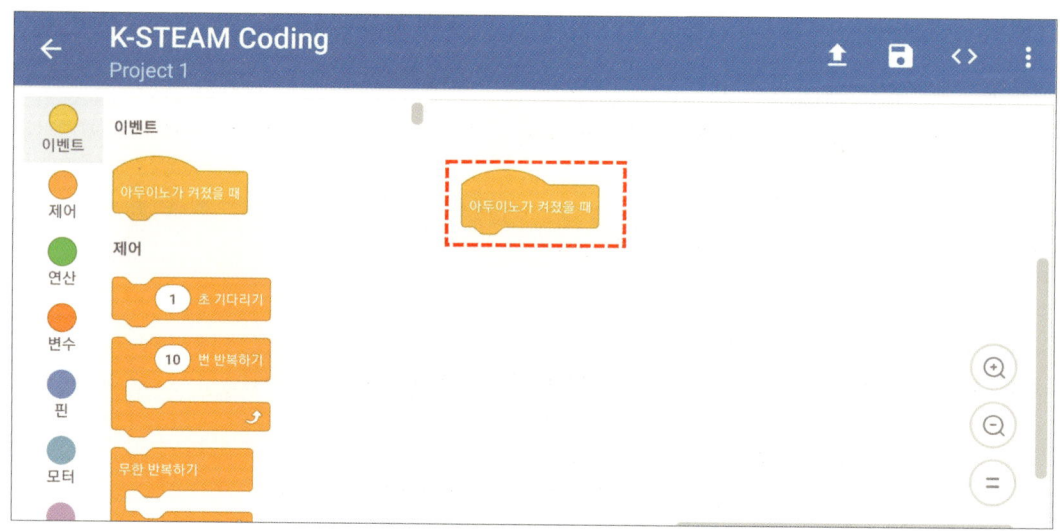

[그림 11] 이벤트 블록

② 제어 블록

제어 블록은 '기다리기', '반복하기', '조건 제어하기' 등 3가지로 이뤄져 있다. [그림 12]에서 볼 수 있듯이, '기다리기'에는 두 개, '반복하기'에는 세 개, '조건 제어하기'에는 두 개 등, 모두 7가지 하위 범주가 있다.

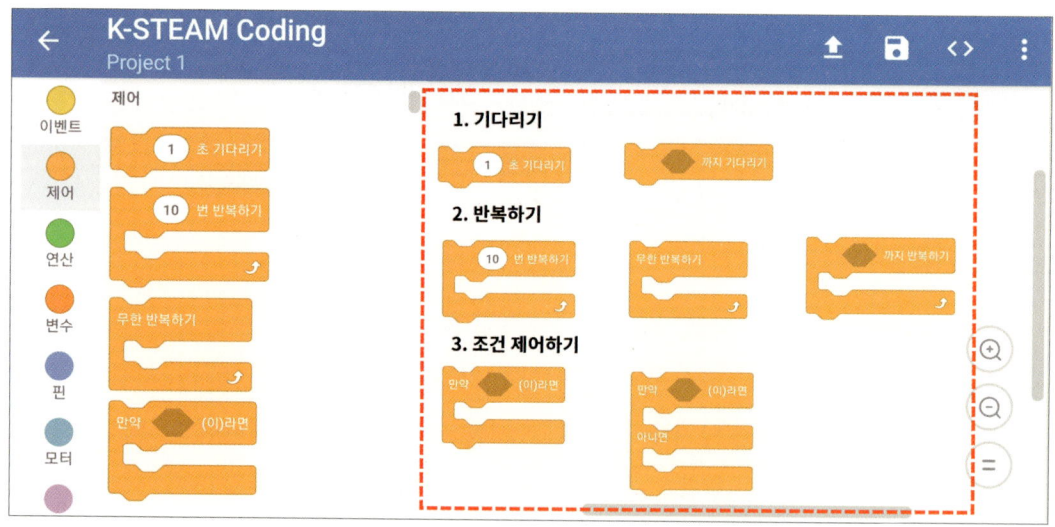

[그림 12] 제어 블록

③ 연산 블록

연산 블록은 '산술 연산자', '비교 연산자', '논리 연산자', '기타 연산자' 등 네 가지 범주로 구성되어 있다. 이 중에서 산술 연산자는 기본적인 더하기, 빼기, 곱하기, 나누기를 담당하고 있으며, 비교 연산자는 수의 대소관계를 비교할 수 있는 블록으로 구성되어 있다. 논리 연산자는 '그리고(AND)', '또는(OR)', '~가 아니다(NOT)'로 구성되어 있다. 마지막으로 기타 연산자는 위의 연산자들을 제외한 나머지 모든 연산자를 의미한다. [표 1]에 소개된 기타 연산자들 이외에도 여러 가지가 존재하며, 상황에 맞는 연산자를 적절히 골라서 사용할 수 있다.

[표 1] 논리 연산자 종류 및 설명

논리 연산자 이름 (영어, 텍스트 코드 명칭)	설명
그리고 (AND, &&) 그리고	주어진 조건에 대한 논리식이 모두 참(True)이면 참을 반환한다. 아닐 경우 거짓(False)을 반환한다. 예 '(1+3=4) 그리고 (2+3=5)'의 결과는 참이다. 예 '(1<2) 그리고 (6=5)'의 결과는 거짓이다.
또는 (OR, ||) 또는	주어진 조건에 대한 논리식 중 하나라도 참이면 참을 반환한다. 아닐 경우 거짓을 반환한다. 예 '(1<2) 또는 (6=5)'의 결과는 참이다. 예 '(15<2) 또는 (7=3)'의 결과는 거짓이다.
~가 아니다 (NOT, !) 이(가) 아니다	주어진 조건에 대한 논리식의 결과가 참이면 거짓을 반환한다. 결과가 거짓일 경우 참을 반환한다. 예 '(6+5=16)가 아니다'의 결과는 참이다. 예 '(3>2)가 아니다'의 결과는 거짓이다.

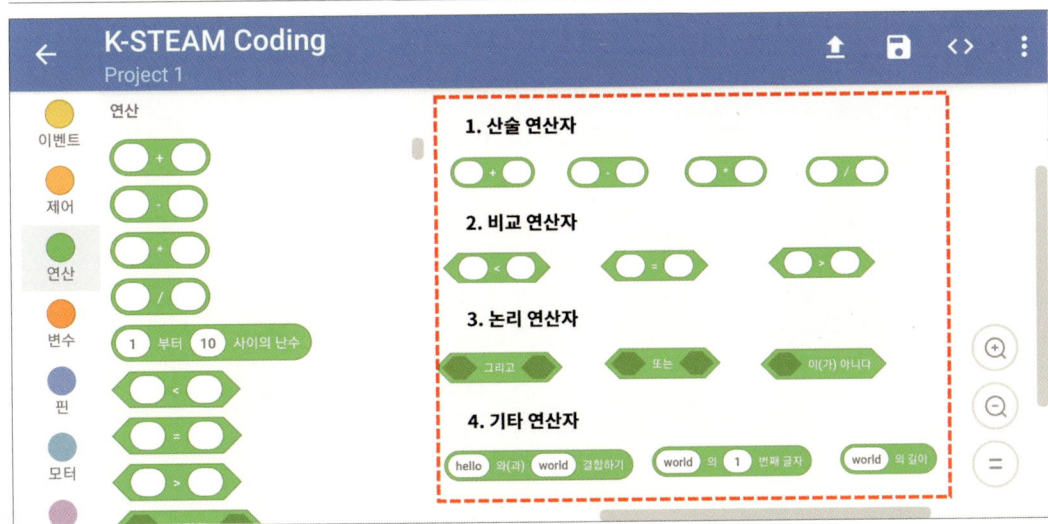

[그림 13] 연산 블록

④ **변수 블록**

코딩을 진행하다 보면 필요한 변수를 직접 만들어야 할 경우가 종종 생긴다. 이럴때 사용할 수 있는 것이 바로 '변수 블록'이다. 변수 블록은 자신이 원하는 변수에 대해서 직접 만들 수 있는 도구를 제공해준다. 변수 블록은 '변수 만들기', '리스트 만들기' 두 가지 범주로 이뤄져 있으며, 둘의 기능 차이점은 [표 2]에서 확인할 수 있다. 변수 만들기 과정은 [그림 14] ~ [그림 17]에서 확인할 수 있다. 리스트 만들기 과정은 변수 만들기 과정과 동일하다.

[표 2] '변수 만들기'와 '리스트 만들기'의 차이

변수 블록 종류	설명
변수 만들기	변수는 데이터를 저장할 수 있는 공간을 의미한다. 해당 변수에는 정수형, 실수형, 문자형, 주소형이 있는데 K-STEAM에서 '변수 만들기' 블록은 정수형과 실수형만 해당한다. 예 age라는 정수형 변수에 10을 저장하면, age = 10, 즉 10살을 의미한다.
리스트 만들기	리스트는 변수의 종류 중 문자형에 해당한다. 예 Country라는 문자형 변수에 대한민국을 저장하면, country = 대한민국, 즉 국가에 저장된 값이 대한민국임을 의미한다.

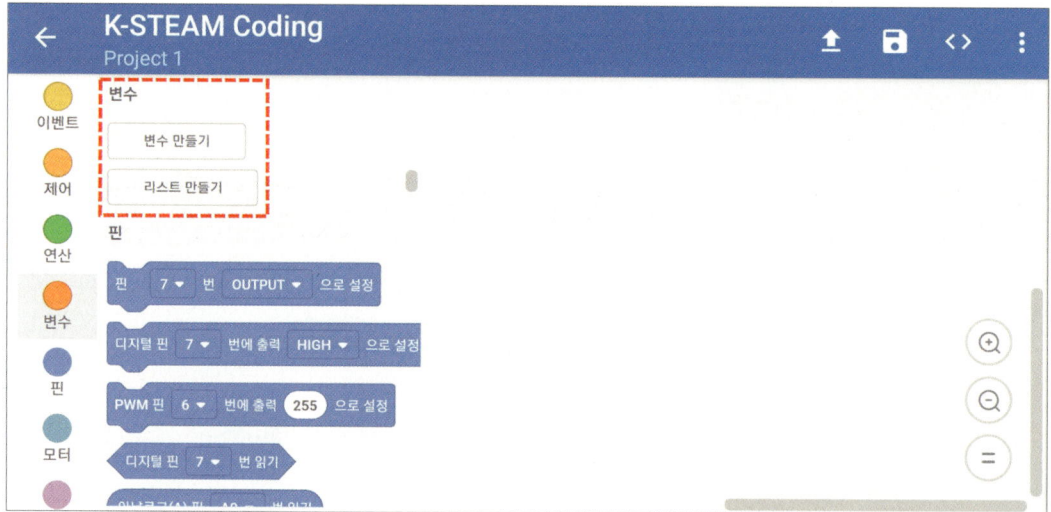

[그림 14] 변수 블록

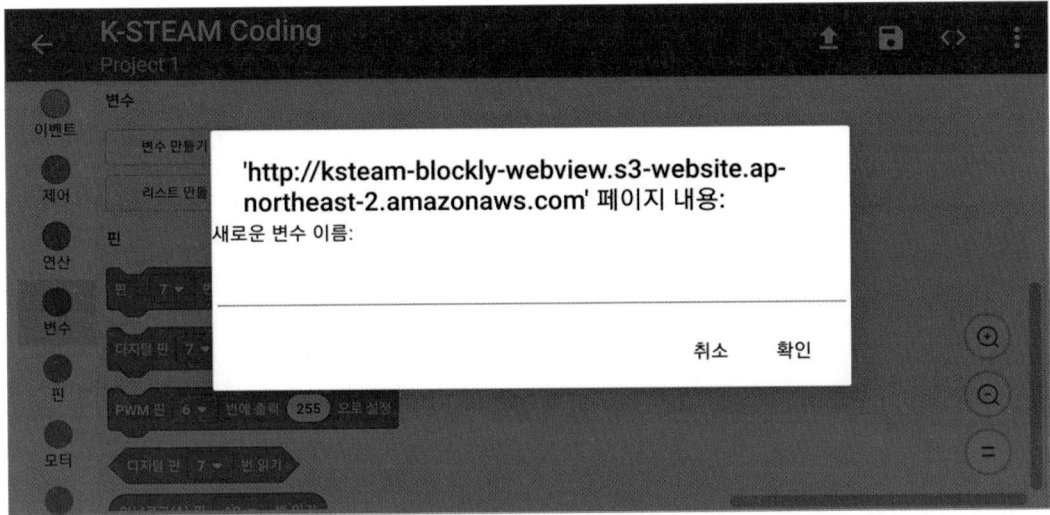

[그림 15] 변수 만들기 블록 클릭

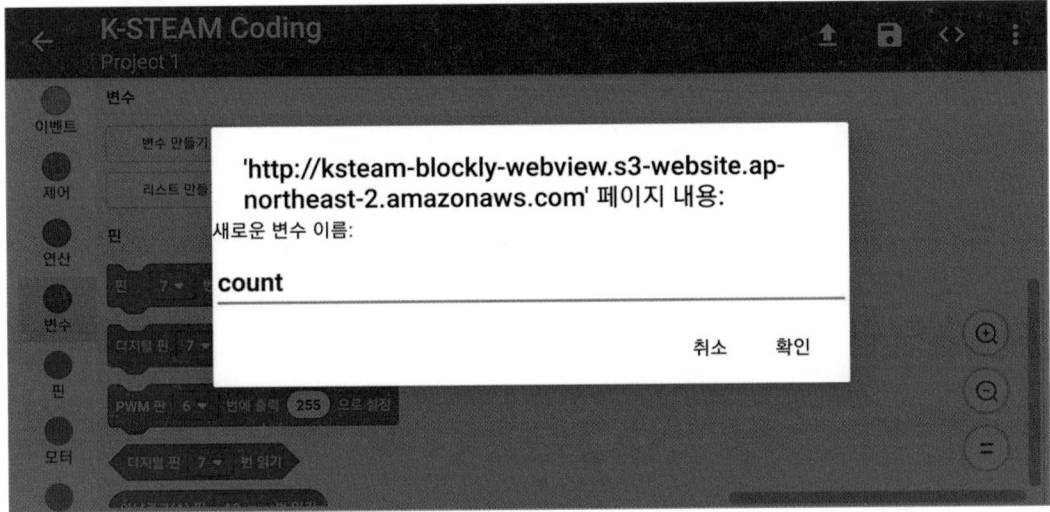

[그림 16] 변수 이름 입력

Ⅰ. K-STEAM

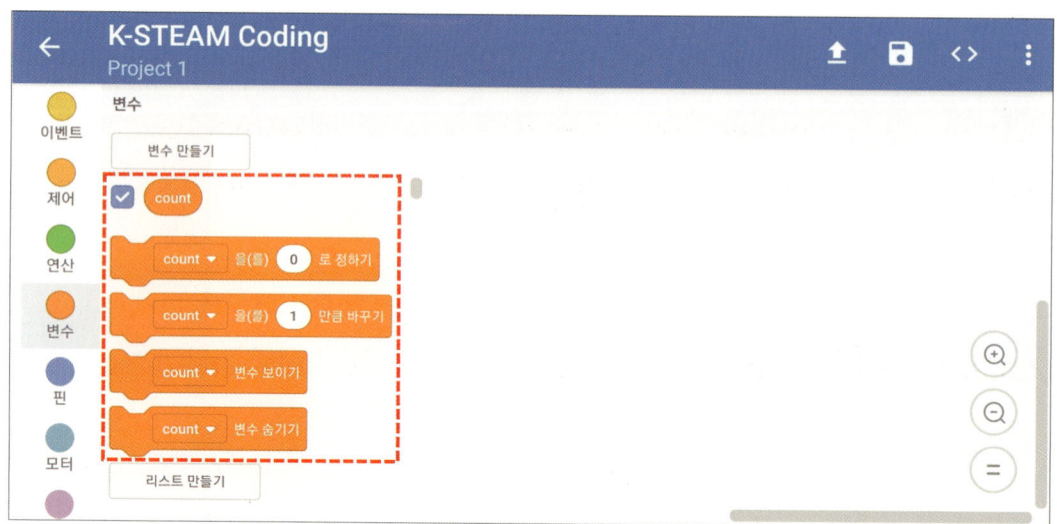

[그림 17] 변수 생성 확인

⑤ 아두이노 부품 블록

프로젝트를 만들 때 아두이노의 부품들을 제어할 수 있는 블록이다. 제어 할 수 있는 부품으로는 [그림 18]에서 볼 수 있듯이 핀, 모터(4종), 센서(9종), 디스플레이(4종), 소리(2종), 블루투스, 조이스틱 등 총 22가지가 마련되어 있다. 자신이 구상하는 프로젝트에 맞게 적절히 블록을 사용할 수 있으며, K-STEAM에서 제공하는 코딩 프로젝트를 따라하는 과정에서 해당 블록들을 자세히 설명하니 쉽게 배울 수 있을 것이다.

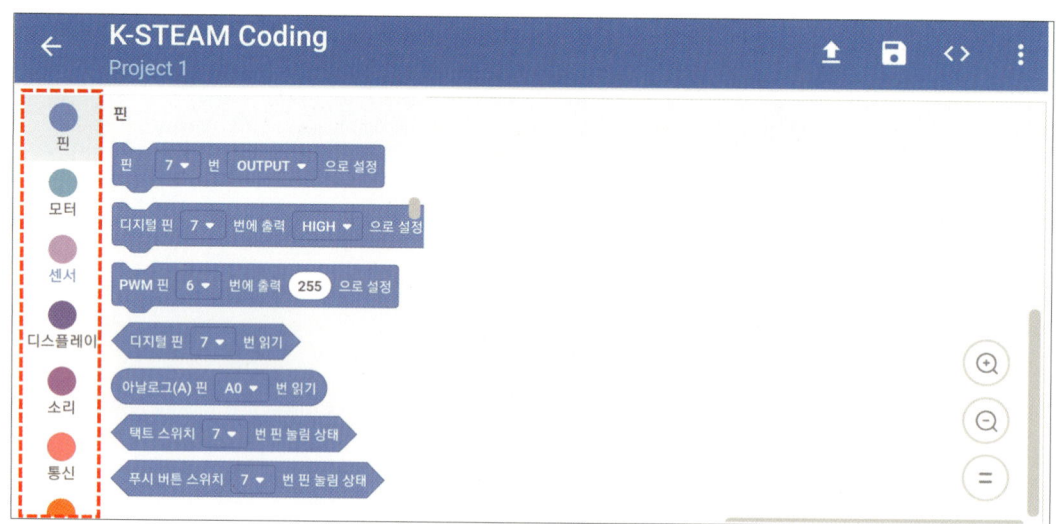

[그림 18] 아두이노 부품 블록

⑥ 아두이노 종류 설정 및 블록 업데이트

아두이노에는 여러 가지 종류가 있다. K-STEAM은 대표적으로 사용되는 '아두이노 우노 보드'와 '아두이노 나노 보드'를 설정할 수 있다. [그림 19]의 '더보기' 버튼을 클릭하면 [그림 20]과 같이 화면이 전환되는데, 여기서 '아두이노 설정' 버튼을 클릭하면 [그림 21]과 같이 아두이노의 종류를 설정할 수 있다.

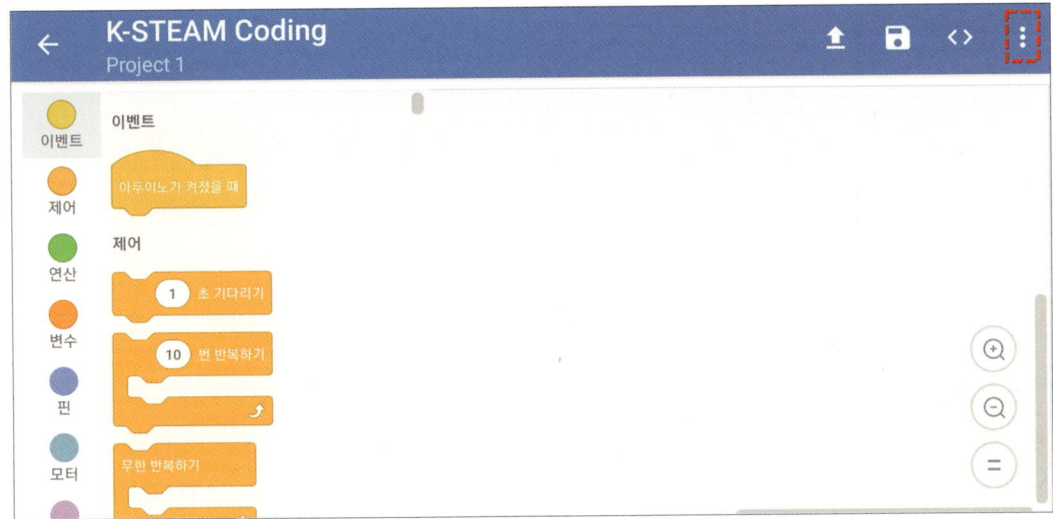

[그림 19] 더보기 버튼 기능

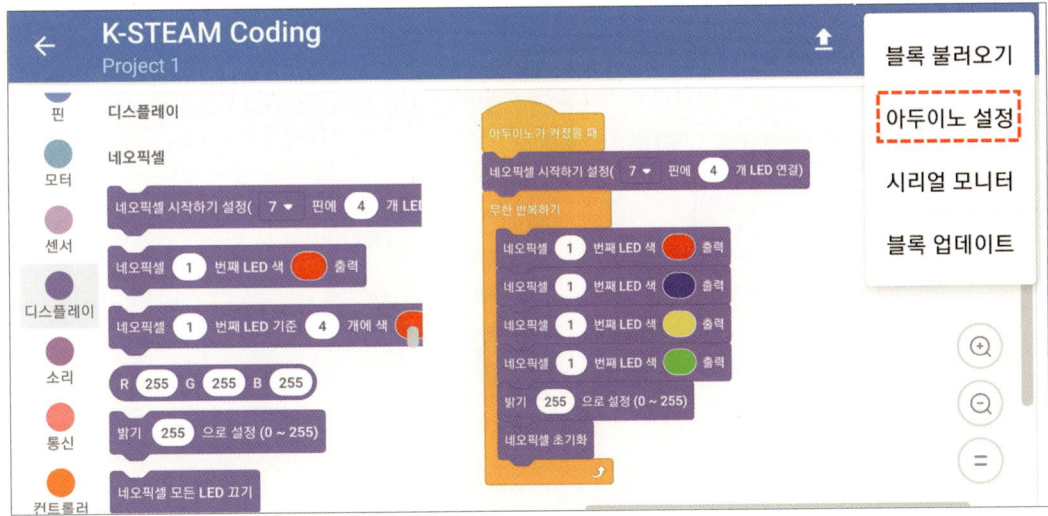

[그림 20] 아두이노 설정 버튼

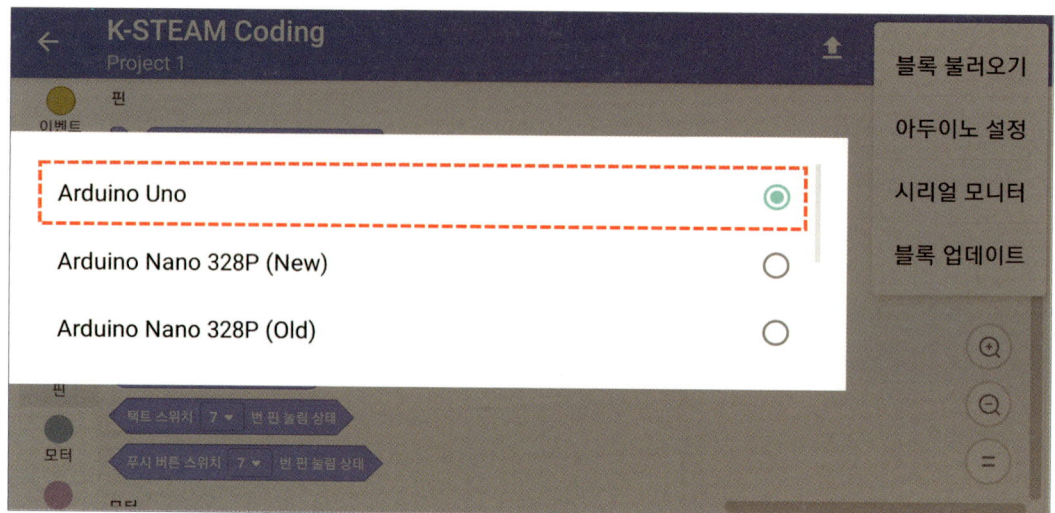

[그림 21] 아두이노 설정 클릭 시, 보드 선택

마지막으로 '블록 업데이트' 기능은 K-STEAM 앱에 추가되는 블록이나 기능들이 있을 때 자동으로 업데이트 할 수 있도록 제공해주는 '자동 업데이트' 기능이다. K-STEAM에서 추가하는 블록들이 새로 생겼을 경우, 구글 플레이스토어에 들어가서 수동으로 업데이트 버튼을 클릭할 필요 없이, 앱 자체 내에서 [그림 22]처럼 버튼 한 번으로 빠르게 업데이트하는 것이 가능하다.

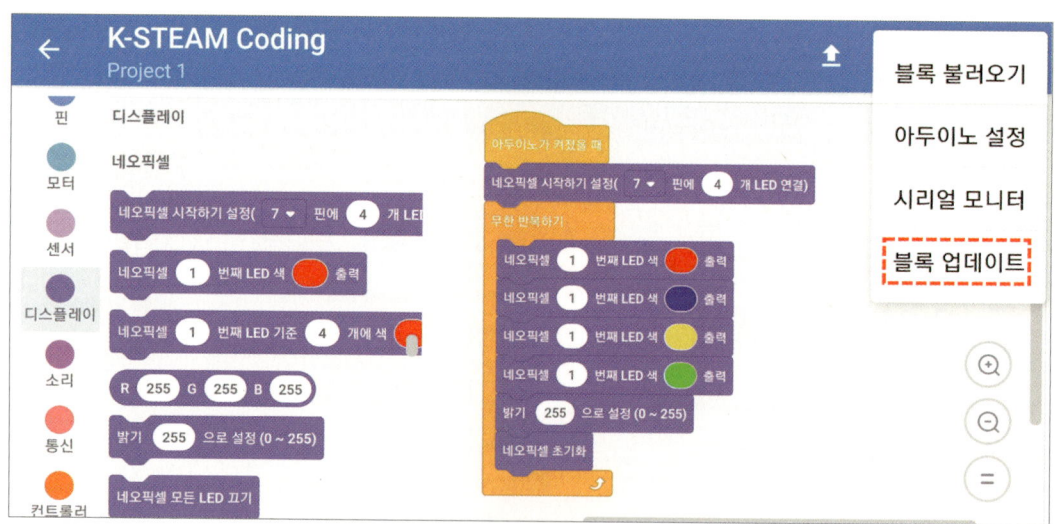

[그림 22] 블록 자동 업데이트

03 아두이노 부품 블록

1. 핀

아두이노 핀 블록은 코딩할 때 가장 중요한 블록 중 하나이다. [그림 23]에 점선으로 표시된 부분을 위에서부터 디지털 핀, 전원 핀, 아날로그 입력 핀이라고 부른다. 해당 블록들을 사용할 때에는 반드시 '핀 O번 OOO으로 설정' 블록을 '무한 반복하기' 블록 전에 넣는 것을 명심해야 한다. 이때 O번은 디지털 핀과 아날로그 핀의 종류를 설정하는 것이며, 연결한 회로도에 맞게 선택해야 한다. 또한, 해당 핀의 역할에 따라서 입력은 INPUT, 출력은 OUTPUT, 택트 스위치와 같은 스위치 기능을 통한 입력은 INPUT_PULLUP을 사용한다.

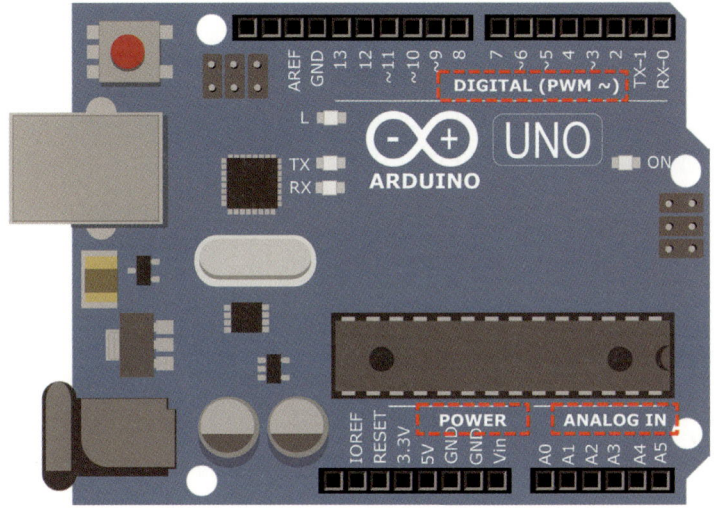

[그림 23] 아두이노

① 디지털 핀

디지털 핀은 두 가지로 나눠진다. 단순히 0과 1을 입출력으로 받는 기본적인 디지털 핀, 입출력의 강도를 제어할 수 있는 PWM 핀 등이다. PWM 핀은 숫자 옆에 (~)표시가 되어 있으며 주로 아날로그의 출력으로 사용된다.

② 전원 핀

전원 핀은 (+)와 (-)를 통해 전원을 공급하는 핀을 의미한다. 주로 (+)는 5V 핀, (-)는 GND 핀을 사용한다.

③ 아날로그 핀

아날로그 핀은 주로 센서나 통신같이 크기가 변하는 값을 입력으로 받을 때 사용된다. 예를 들어 빛의 양을 측정하는 조도 센서의 경우, 입력되는 빛의 양이 항상 변화하기 때문에 아날로그 형태의 데이터를 입력받는다. 이런 상황에서 사용되는 것이 아날로그 핀이다.

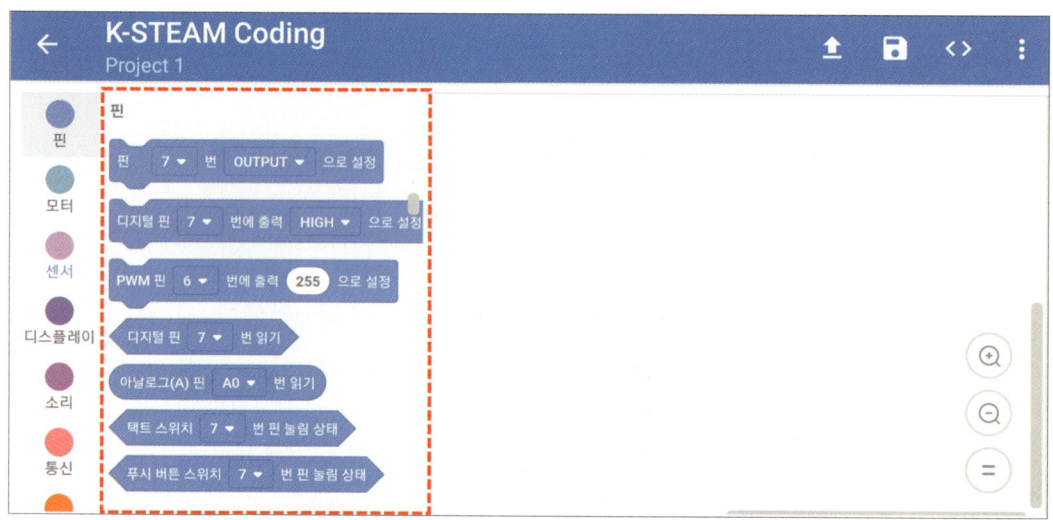

[그림 24] 핀 블록

2. 모터

K-STEAM에서는 서보 모터, DC 모터, 스텝 모터, L298N 모터 드라이버를 지원하고 있다. 모터를 선택한 후 코딩할 때, 해당 모터의 부품에 'OOO 시작하기 설정 블록'이 있다면 '무한 반복하기 블록' 전에 넣어야 한다.

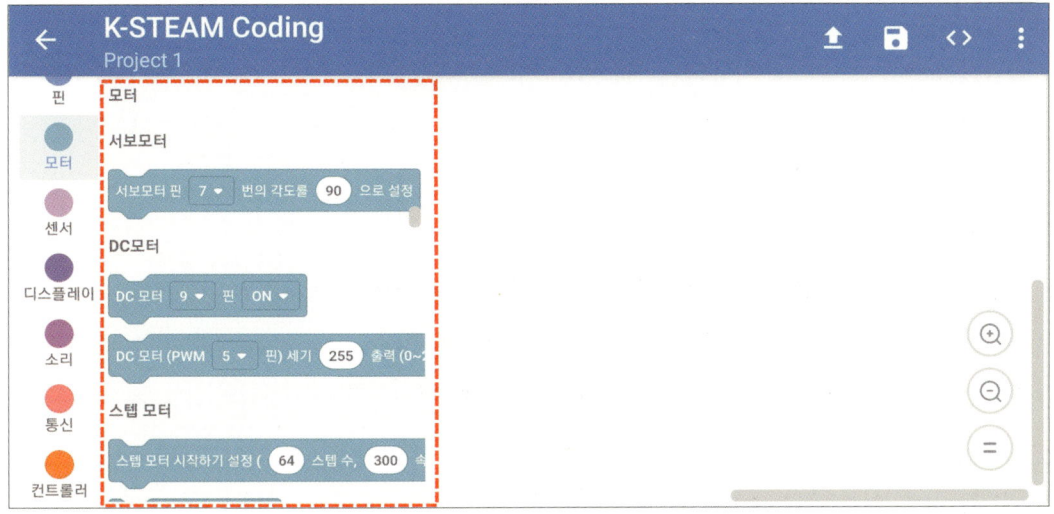

[그림 25] 모터 블록

3. 센서

K-STEAM에서는 초음파 센서, 온습도 센서, 조도 센서, 적외선 센서, 토양 수분 센서, 소리 센서, 미세 먼지 센서, PIR 모션 센서, MPU6050 자이로 센서를 지원하고 있다.

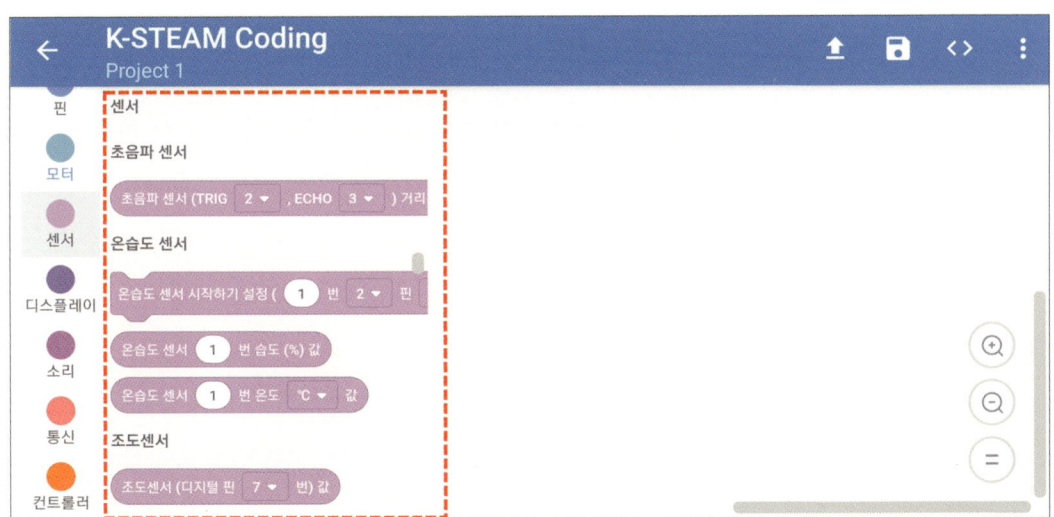

[그림 26] 센서 블록

Ⅰ. K-STEAM

① 초음파 센서

　초음파 센서는 초음파를 이용하여 사물과의 거리를 측정할 때 사용된다. 초음파 센서 블록을 사용할 때는 TRIG, ECHO가 아두이노 몇 번 핀과 연결되어 있는지 유의하며 코딩해야 한다.

② 온습도 센서

　온습도 센서는 공기 중의 온도와 습도를 측정할 수 있다. 온습도 센서를 사용하기 위해서는 '온습도 센서 시작하기 설정' 블록을 '무한 반복하기' 블록 전에 배치하며, 아두이노와 몇 번 핀에 연결되었는지 유의해야 한다. 예를 들어 `온습도 센서 시작하기 설정( 1 번 2▼ 핀 dht11▼ 모듈)` 블록 경우에는 "온습도 센서는 아두이노의 2번 핀과 연결되어 있으며, dht-11 모듈을 사용한다. 그리고, 해당 온습도 센서의 고유 번호를 1번으로 설정하겠다."라는 의미를 지니고 있다. 이때, dht-11은 온습도 센서의 기종을 뜻하며, K-STEAM에서 제공하는 온습도 센서는 전부 dht-11이다.

③ 조도 센서

　조도 센서는 빛의 양을 측정할 수 있는 센서이다. K-STEAM의 조도 센서는 AO, DO, GND, VCC 핀을 가지고 있으며, 조도 센서의 AO는 아두이노 아날로그 핀과 연결되고, DO는 디지털 핀에 연결된다. 해당 핀들이 서로 몇 번 핀과 연결되어 있는지 유의하며 코딩해야 한다.

④ 적외선 센서

　적외선 센서는 적외선을 방출한 뒤 반사되는 빛을 통해 사물을 감지한다. 적외선 센서는 아두이노의 아날로그와 디지털 핀에 연결될 수 있고, 해당 핀들이 서로 몇 번 핀과 연결되어 있는지 유의하며 코딩해야 한다.

⑤ 토양 수분 센서

　토양 수분 센서는 흙 속에 수분이 얼마나 포함되어 있는지 측정할 수 있다. K-STEAM의 토양 수분 센서는 AO, DO, GND, VCC 핀을 가지고 있으며, AO는 아두이노의 아날로그 핀, DO는 디지털 핀과 연결된다. 해당 핀들이 서로 몇 번 핀과 연결되어 있는지 유의하며 코딩해야 한다.

⑥ 소리 센서

소리 센서는 마이크를 통해 소리를 입력받고 소리의 세기에 따라 전압을 측정하여 소리의 크기를 판별할 수 있다. K-STEAM의 소리 센서는 VCC, GND, AO, DO 핀을 가지고 있으며, AO는 아두이노의 아날로그 핀, DO는 디지털 핀과 연결된다. 해당 핀들이 서로 몇 번 핀과 연결되어 있는지 유의하며 코딩해야 한다.

⑦ 미세 먼지 센서

미세 먼지 센서는 대기 중의 미세 먼지 양을 측정할 수 있다. 미세 먼지 센서를 사용하려면 '미세 먼지 센서 시작하기 설정' 블록을 '무한 반복하기' 블록 전에 배치하며, 아두이노의 몇 번 핀과 연결되어 있는지 유의해야 한다.

예를 들어 `미세먼지 센서 시작하기 설정 ( 1 번, LED 0 ▼ , AO A0 ▼ )` 블록은 "미세 먼지 센서의 LED 핀은 아두이노의 0번 핀, AO 핀은 아두이노의 A0 핀과 연결되어 있다. 해당 미세 먼지 센서의 고유 번호를 1번으로 설정하겠다."는 의미이다.

⑧ PIR 모션 센서

PIR 모션 센서는 일정한 양의 적외선을 가지고 있는 물체의 움직임을 감지하는 센서이다. 보통 사람의 움직임을 감지할 때 사용된다. K-STEAM의 PIR 모션 센서는 GND, VCC, OUT 핀을 가지고 있는데 해당 핀들이 서로 몇 번 핀과 연결되어 있는지 유의하며 코딩해야 한다.

⑨ MPU6050 모듈

MPU6050 모듈은 자이로 센서를 통해 기울어진 정도와 회전 정도를 측정할 수 있다. MPU6050을 사용하려면 'MPU6050 자이로 센서 시작하기 설정' 블록을 '무한 반복하기' 블록 전에 배치하며, 아두이노의 몇 번 핀과 연결되어 있는지 유의해야 한다.

---

4. 디스플레이

K-STEAM에서는 네오픽셀, 12C LCD, 도트 매트릭스를 지원하고 있다.

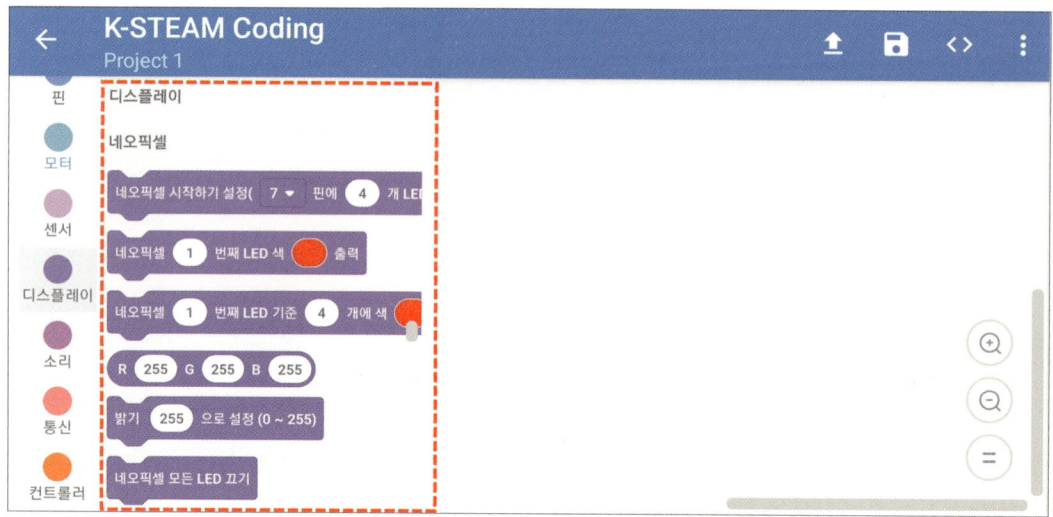

[그림 27] 디스플레이 블록

① 네오픽셀

네오픽셀 블록을 사용하려면 '네오픽셀 시작하기 설정' 블록을 '무한 반복하기' 블록 전에 배치해야 하며, 네오픽셀을 아두이노와 몇 번 핀으로 연결했는지 유의해야 한다.

② I2C LCD

I2C LCD를 사용하려면 'I2C LCD 시작하기 설정' 블록을 '무한 반복하기' 블록 전에 배치하며, 이때 K-STEAM에서 제공하는 I2C LCD의 주소는 전부 0X27이기 때문에 0X27로 설정한다.

③ 도트 매트릭스

도트 매트릭스를 사용하려면 '8X8 도트 매트릭스 시작하기 설정' 블록을 '무한 반복하기' 블록 전에 배치하며, 이때 DIN, CLK, CS는 도트 매트릭스의 설정이다. 해당 설정들은 도트 매트릭스와 아두이노를 연결할 때, 어느 핀에 연결되어 있는지를 확인하는 작업이기 때문에 해당 핀들을 어디에 연결했는지 유의하며 값을 조정해야 한다. 예를 들어 DIN 12, CLK 10, CS 11은 DIN이 아두이노의 12번 핀에, CLK가 10번 핀, CS가 11번 핀과 각각 연결되었다는 뜻이다.

④ 세그먼트 모듈

세그먼트 모듈을 사용하려면 '4자리 7세그먼트 모듈 시작하기 설정' 블록을 '무한 반복하기' 블록 전에 배치하며, 이때 DIO와 CLK가 아두이노의 몇 번 핀에 연결되었는지 유의한다. 예를 들어 DIO 2, CLK 3은 세그먼트의 DIO가 아두이노의 2번 핀, CLK가 3번 핀과 연결되었다는 것을 뜻한다.

5. 소리

K-STEAM에서는 피에조 부저, MP3 모듈 기능을 지원하고 있다.

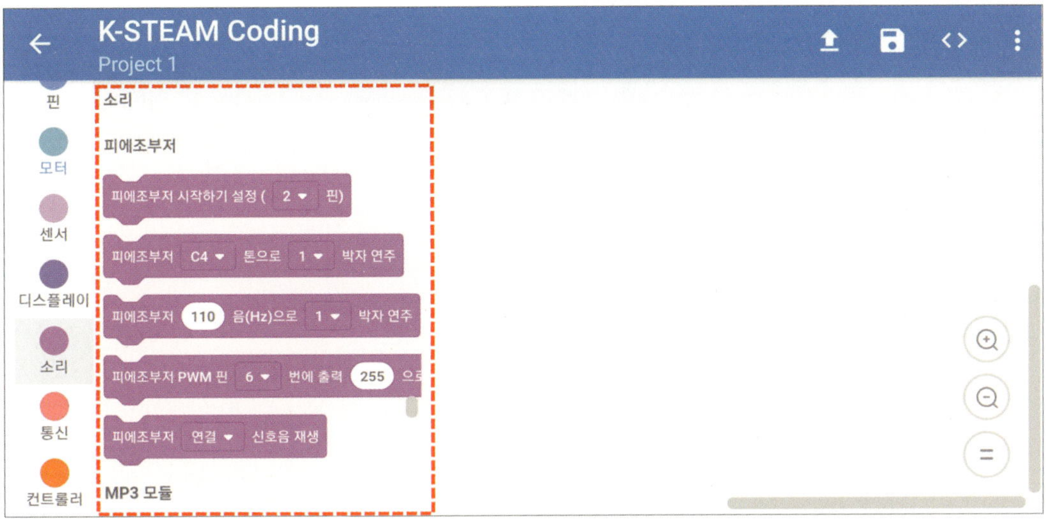

[그림 28] 소리 블록

① 피에조 부저

피에조 부저를 사용하려면 '피에조 부저 시작하기 설정' 블록을 '무한 반복하기' 블록 전에 배치하며, 아두이노의 몇 번 핀과 연결되어 있는지 유의해야 한다.

② MP3 모듈

MP3 모듈을 사용하려면 'MP3 모듈 시작하기 설정' 블록을 '무한 반복하기' 블록 전에 배치하며, MP3 모듈의 TX 핀과 RX 핀이 아두이노의 몇 번 핀과 연결되어 있는지 유의하며 코딩해야 한다.

6. 통신

K-STEAM에서는 블루투스 기능을 지원하고 있다.

① 블루투스

블루투스 기능을 사용하려면 '블루투스 시작하기 설정' 블록을 '무한 반복하기' 블록 전에 배치하며, 블루투스의 TX 핀과 RX 핀이 아두이노의 몇 번 핀과 연결되어 있는지 유의하며 코딩해야 한다.

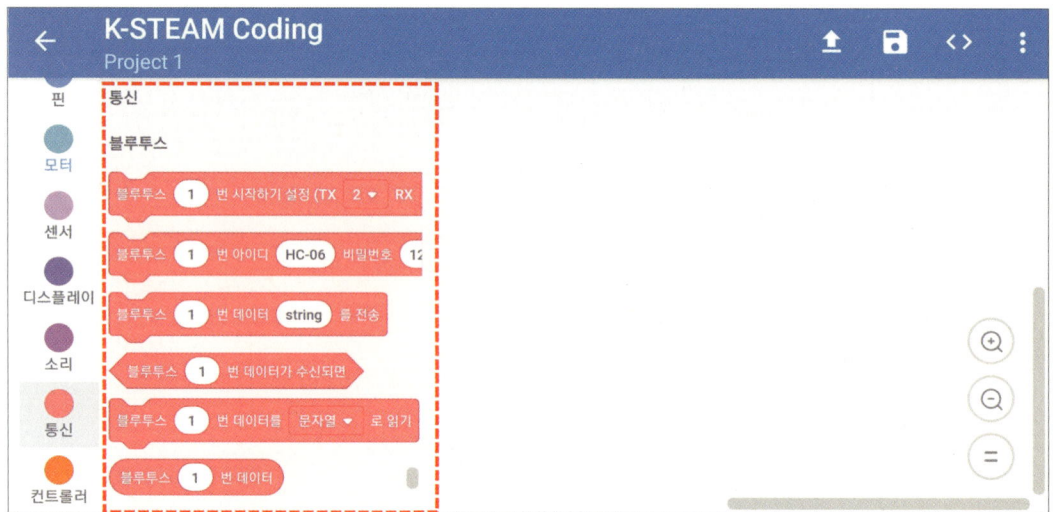

[그림 29] 통신 블록

7. 컨트롤러

K-STEAM에서는 블루투스를 이용하여 원격으로 조종할 수 있는 기능을 지원하고 있다.

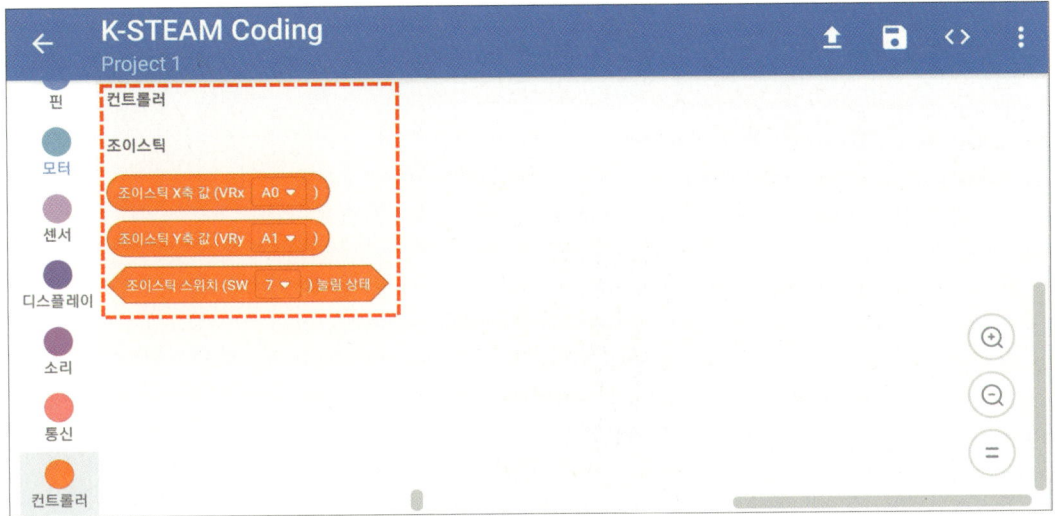

[그림 30] 컨트롤러 블록

PART II 프로그램

1. 신호등 만들기
2. 스마트 가로등 만들기
3. 소리 인식 가로등
4. 모차르트 작곡가 되기
5. 뚜껑 열리는 쓰레기통 만들기
6. 나는야 저금왕!
7. 자동차 후방 센서 만들기
8. 초음파 거리재기
9. 안전하고 똑똑한 신호등
10. 도트 매트릭스 목걸이
11. 위기의 북극곰 (서보 모터 활용)
12. 위기의 북극곰 (온습도 센서 활용)
13. 에어컨 NO! 선풍기 YES!
14. 미세먼지 경보기
15. 에너지 절약 경보기
16. 스마트 팜 (교실 정화 식물키우기)
17. 초음파 센서 무드등
18. 소리센서 무드등
19. 귀차니스트를 위한 무드등
20. 조도 센서 무드등
21. 에너지 절약 경보 무드등
22. 도트 매트릭스 이퀄라이징

Lesson 1 신호등 만들기

추가 과제

- 빨간색 LED가 다섯 번 깜박인 후, 초록색 LED가 한 번 깜박이도록 코딩해 보세요.
- 초록색 LED가 서서히 밝아졌다가 어두워지도록 코딩해 보세요.
- LED의 점멸을 이용하여 나만의 모스 부호를 만들어 보세요.

01 준비물

아두이노 우노 보드	브레드 보드	LED (빨간색, 노란색, 초록색)
암-수 및 수수 점퍼 케이블(10cm)	아두이노 우노 데이터 케이블	OTG 젠더(5핀, C타입)

02 회로도 구성

1 전원 공급 : 우노 보드의 5V와 GND를 브레드 보드에 연결한다.

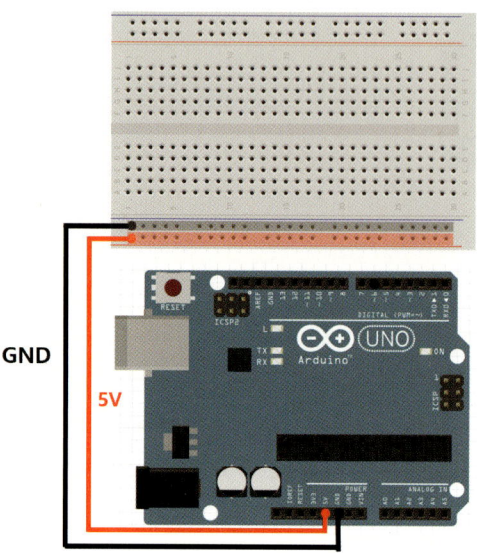

2 LED 연결 : 브레드 보드에 LED(빨간색, 노란색, 초록색)를 연결한다.

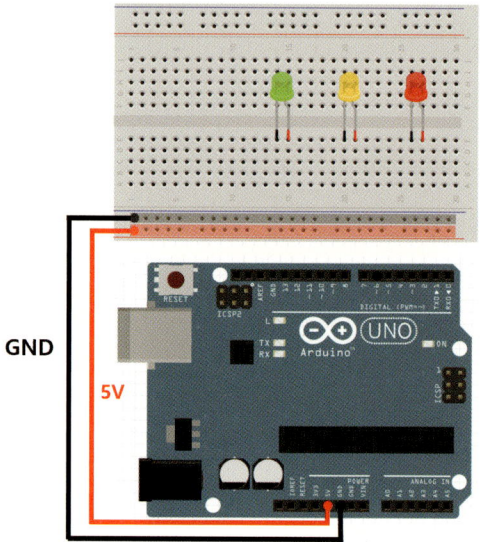

3 **LED와 아두이노 연결** : LED의 오른쪽은 디지털 핀, 왼쪽은 GND 핀을 연결한다.

- 회로도 완성

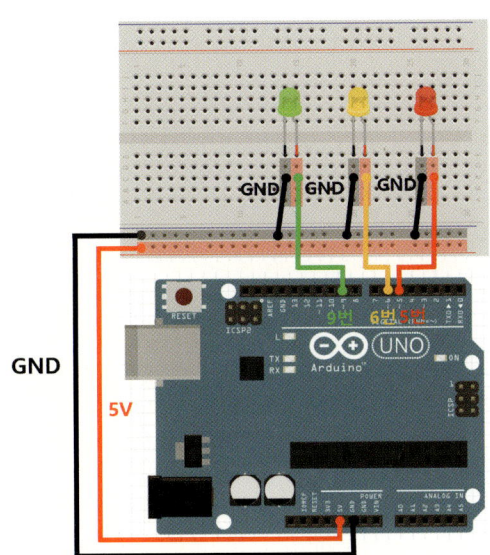

03 코딩 구성

1 LED 한 개만 제어하기

① 빨간색 LED 밝기 제어하기
: LED의 밝기는 0~255까지 설정 할 수 있으며, 숫자가 커질수록 밝아진다.

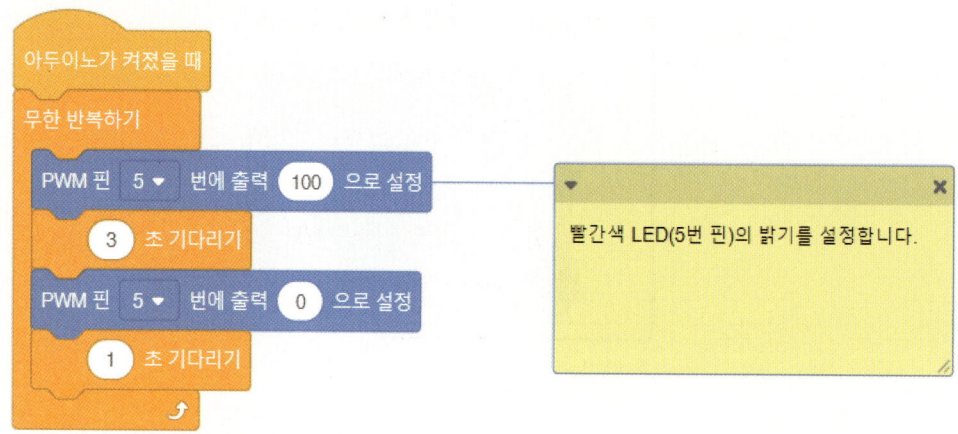

② 반복 함수를 이용하여 노란색 LED 밝기 제어하기
: n번 반복하기 함수를 이용하여 원하는 동작의 횟수를 제어할 수 있다.

③ 초록색 LED 밝기 제어하기
: LED의 밝기는 0~255까지 설정 할 수 있으며, 숫자가 커질수록 밝아진다.

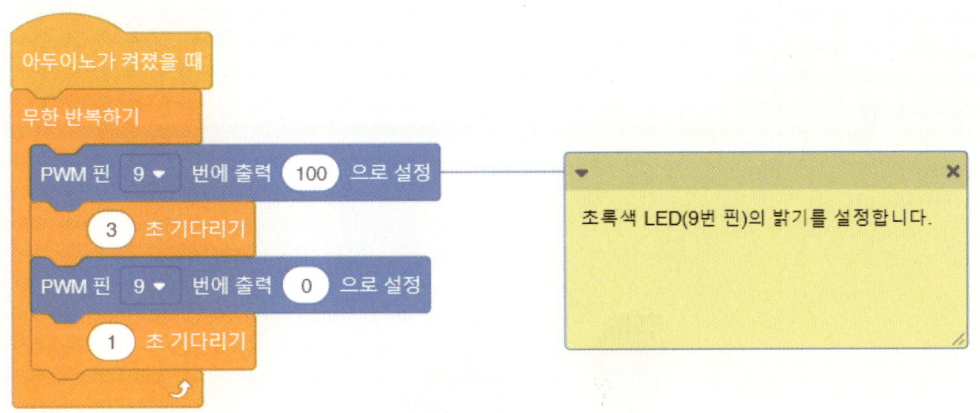

2 LED 3개를 한 번에 제어하기 (신호등 만들기)

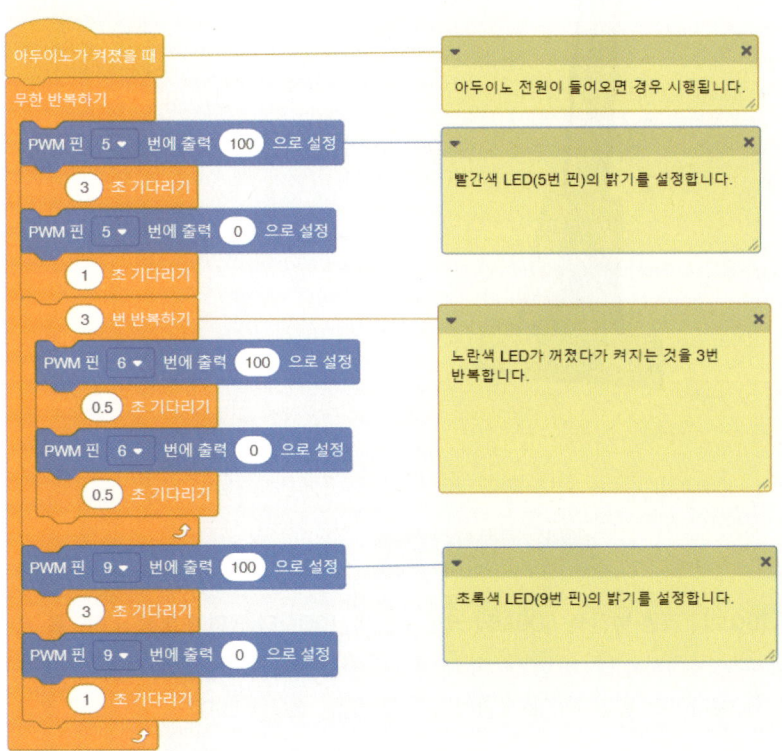

Ⅱ. 프로그램   41

Lesson 2 스마트 가로등 만들기

추가 과제

- 조도 센서값이 700보다 크면 빨간색, 500보다 크면 노란색, 300보다 크면 초록색이 되도록 코딩해 보세요.
- 조도 센서값이 500보다 크면 빨간색 LED가 깜박이고, 그밖에는 초록색 LED가 깜박이도록 코딩해 보세요.

01 준비물

아두이노 우노 보드	미니 브레드 보드	LED (빨간색, 노란색, 초록색)
암-수 및 수수 점퍼 케이블(10cm)	아두이노 우노 데이터 케이블	OTG 젠더(5핀, C타입)
조도 센서		

02 회로도 구성

1 전원 공급 : 우노 보드의 5V와 GND를 브레드 보드에 연결한다.

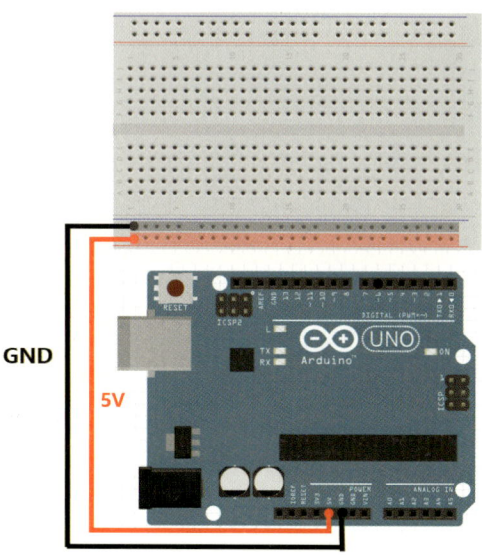

2 LED 연결 : 브레드 보드에 LED(빨간색, 노란색, 초록색)를 연결한다.

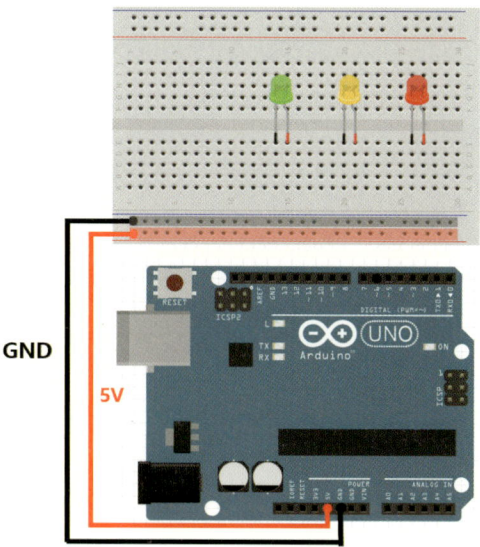

3 **LED와 아두이노 연결** : LED의 오른쪽은 디지털 핀, 왼쪽은 GND 핀을 연결한다.

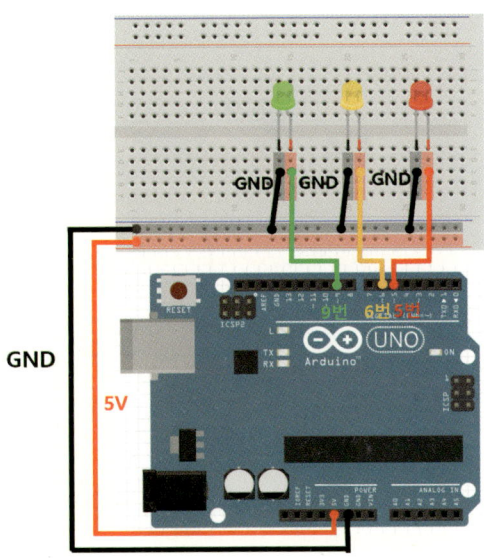

4 **조도 센서 연결** : 브레드 보드에 조도 센서를 부착한다.

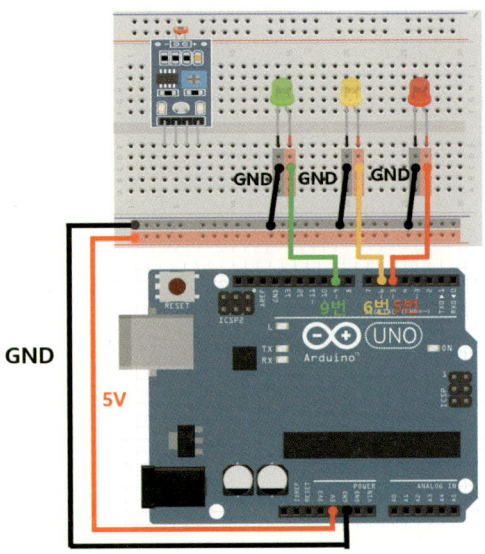

5 **조도 센서와 아두이노 연결** : DO을 제외한 나머지 3개의 핀의 회로를 연결한다. (회로도 완성)

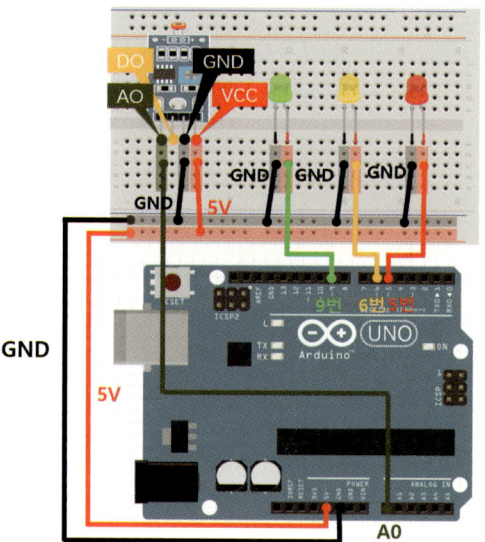

03 코딩 구성

1 조도 센서를 이용하여 빨간색 LED만 제어하기

: 조도 센서 값에 따라서 LED의 전원을 제어한다. ([표 3-1] 참고)

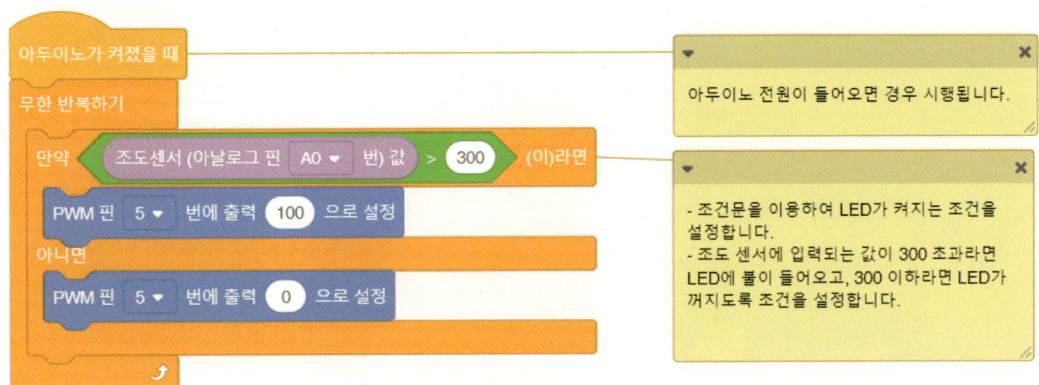

[표 3-1] 조도 센서 값 범위에 따른 밝기 정도

조도 센서 범위	0~1023	밝음	↔	어두움
밝기		0		1023

2 조도 센서를 이용하여 스마트 가로등 만들기 (3개의 LED 제어하기)

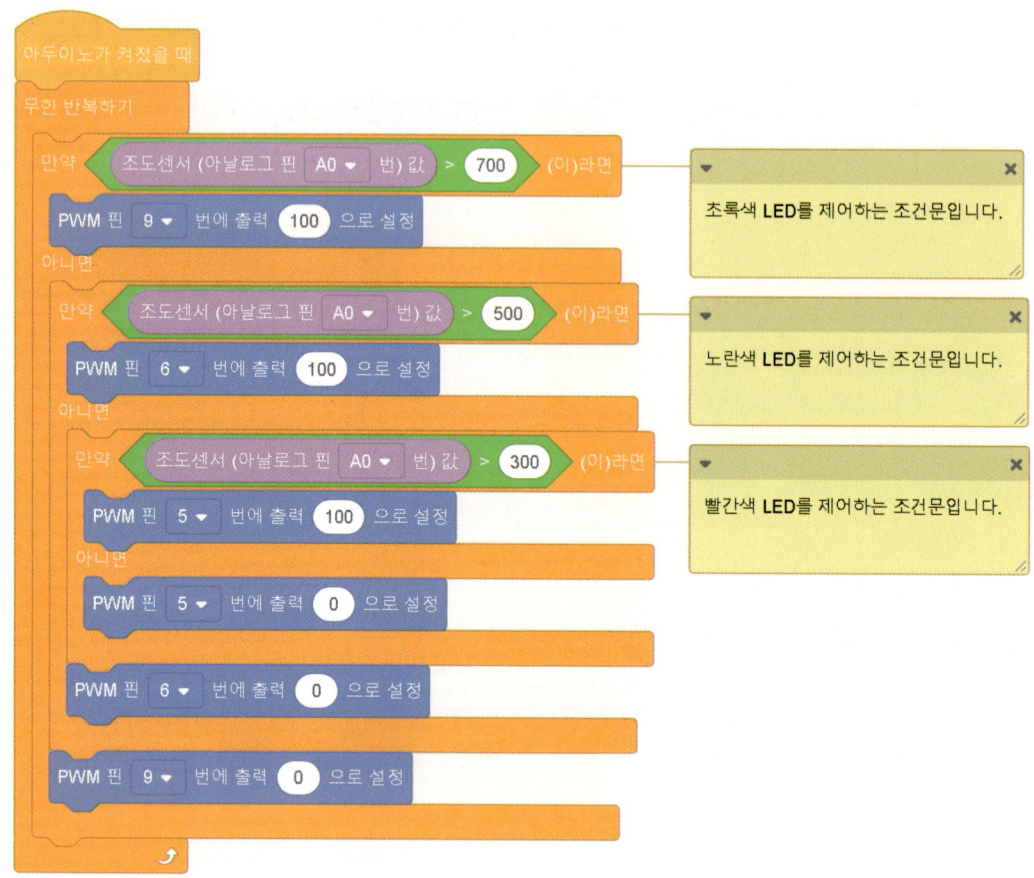

Memo

Lesson 3 소리 인식 가로등

추가 과제

- 손뼉을 한 번 치면 초록색 LED가, 손뼉을 두 번 치면 빨간색 LED가 깜박이도록 코딩해 보세요.
- 손뼉을 한 번 치면 노란색 LED가 켜지고, 손뼉을 두 번 치면 노란색 LED가 꺼지도록 코딩해 보세요.
- 손뼉을 칠 때마다 빨간색 LED가 밝아지고, 손뼉을 치지 않으면 빨간색 LED가 점점 어두워지도록 코딩해 보세요.

01 준비물

II. 프로그램

02 회로도 구성

1 전원 공급 : 우노 보드의 5V와 GND를 브레드 보드에 연결한다.

2 빨간색 LED 연결하기 : 빨간색 LED를 부착하고, LED의 다리 중 직선으로 뻗은 부분을 브레드 보드의 GND와 연결한다. 꺾인 부분은 우노 보드의 5번 핀과 연결한다.

3 **노란색 LED 연결하기** : 노란색 LED를 부착하고, LED의 다리 중 직선으로 뻗은 부분을 브레드 보드의 GND와 연결한다. 꺾인 부분은 우노 보드의 6번 핀과 연결한다.

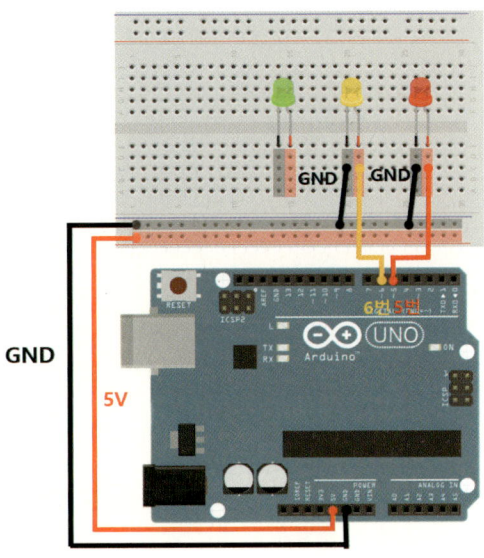

4 **초록색 LED 연결하기** : 노란색 LED를 부착하고, LED의 다리 중 직선으로 뻗은 부분을 브레드 보드의 GND와 연결한다. 꺾인 부분은 우노 보드의 9번 핀과 연결한다.

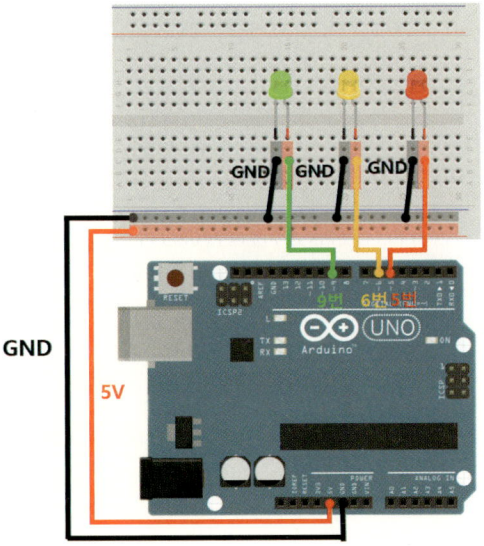

5 **소리 센서 연결하기** : 소리 센서를 브레드 보드에 부착하고, 소리 센서의 VCC와 GND를 각각 브레드 보드의 5V와 GND에 연결한다. 소리 센서의 AO(아날로그 아웃)를 우노 보드의 A0(아날로그 0번) 핀과 연결한다. (회로도 완성)

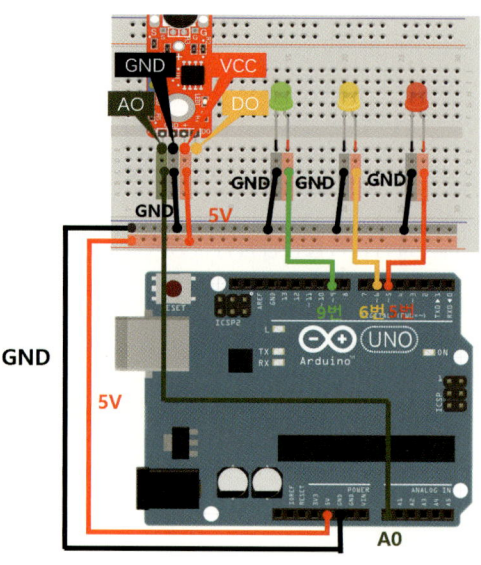

03 코딩 구성

1 Void Setup (라이브러리 호출하기)

2 Void loop (무한 반복)

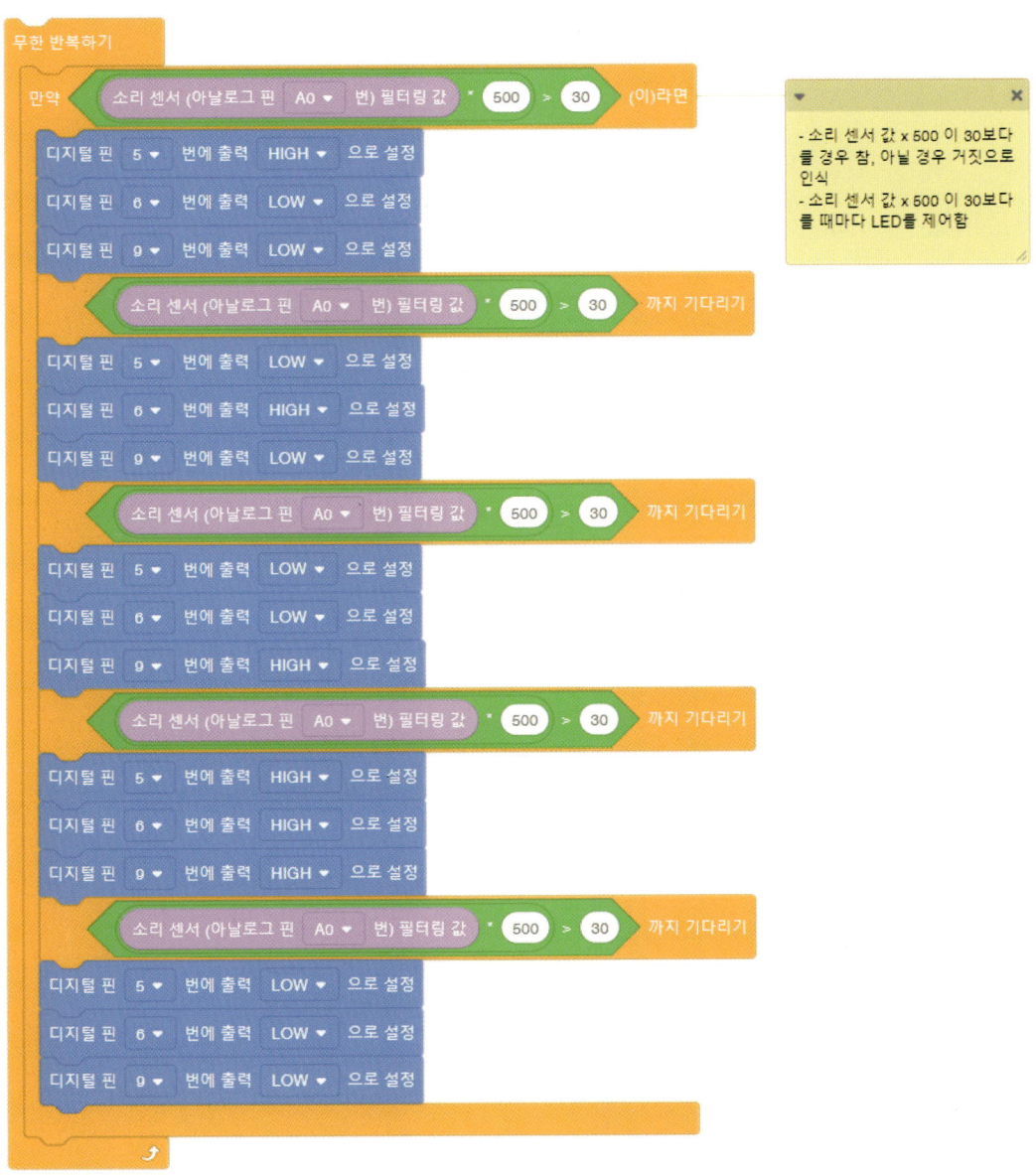

3 전체 코드

```
아두이노가 켜졌을 때
 핀 5▼ 번 OUTPUT▼ 으로 설정
 핀 6▼ 번 OUTPUT▼ 으로 설정
 핀 9▼ 번 OUTPUT▼ 으로 설정
무한 반복하기
 만약 소리 센서 (아날로그 핀 A0▼ 번) 필터링 값 * 500 > 30 (이)라면
  디지털 핀 5▼ 번에 출력 HIGH▼ 으로 설정
  디지털 핀 6▼ 번에 출력 LOW▼ 으로 설정
  디지털 핀 9▼ 번에 출력 LOW▼ 으로 설정
  소리 센서 (아날로그 핀 A0▼ 번) 필터링 값 * 500 > 30 까지 기다리기
  디지털 핀 5▼ 번에 출력 LOW▼ 으로 설정
  디지털 핀 6▼ 번에 출력 HIGH▼ 으로 설정
  디지털 핀 9▼ 번에 출력 LOW▼ 으로 설정
  소리 센서 (아날로그 핀 A0▼ 번) 필터링 값 * 500 > 30 까지 기다리기
  디지털 핀 5▼ 번에 출력 LOW▼ 으로 설정
  디지털 핀 6▼ 번에 출력 LOW▼ 으로 설정
  디지털 핀 9▼ 번에 출력 HIGH▼ 으로 설정
  소리 센서 (아날로그 핀 A0▼ 번) 필터링 값 * 500 > 30 까지 기다리기
  디지털 핀 5▼ 번에 출력 HIGH▼ 으로 설정
  디지털 핀 6▼ 번에 출력 HIGH▼ 으로 설정
  디지털 핀 9▼ 번에 출력 HIGH▼ 으로 설정
  소리 센서 (아날로그 핀 A0▼ 번) 필터링 값 * 500 > 30 까지 기다리기
  디지털 핀 5▼ 번에 출력 LOW▼ 으로 설정
  디지털 핀 6▼ 번에 출력 LOW▼ 으로 설정
  디지털 핀 9▼ 번에 출력 LOW▼ 으로 설정
```

Memo

Lesson 4

모차르트 작곡가 되기
(피아노 만들기)

추가 과제

- 조도 센서에 의해 피에조 부저가 작동되도록 코딩해 보세요.
- 피에조 부저와 LED가 동시에 작동되게끔 코딩해 보세요.

01 준비물

아두이노 우노 보드	미니 브레드 보드	택트 스위치
암-수 및 수수 점퍼 케이블(10cm)	아두이노 우노 데이터 케이블	OTG 젠더(5핀, C타입)

피에조 부저

02 회로도 구성

1 **전원 공급** : 우노 보드의 5V와 GND를 브레드 보드에 연결한다.

2 **택트 스위치 부착** : 브레드 보드에 피에조 부저를 부착한다

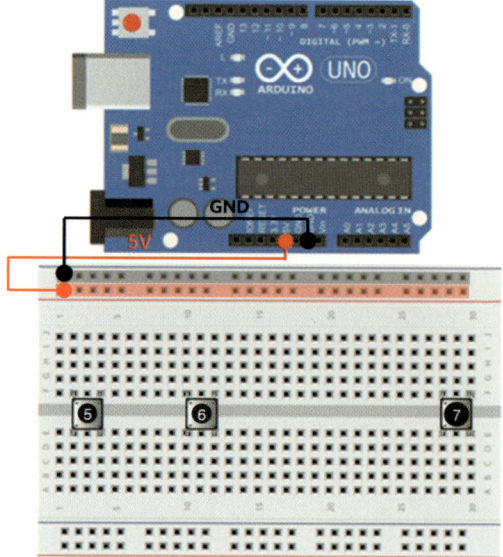

3 택트 스위치 회로 연결 : 택트 스위치의 오른쪽은 GND, 왼쪽은 아두이노 우노와 연결한다.

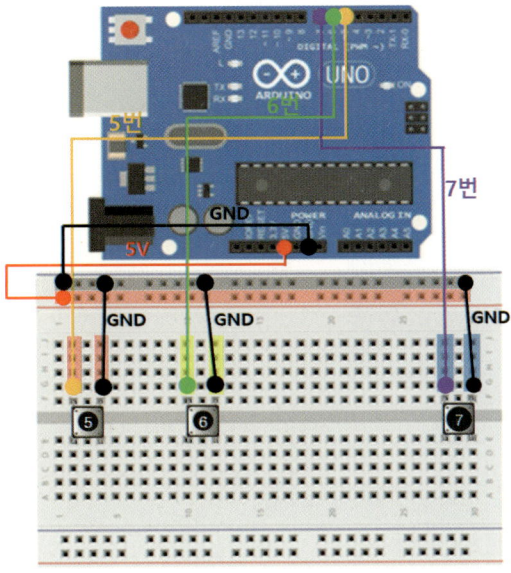

4 피에조 부저 회로 연결 : 브레드 보드에 피에조 부저를 연결한 후, 피에조 부저의 왼쪽은 GND, 오른쪽은 아두이노 우노와 연결한다.

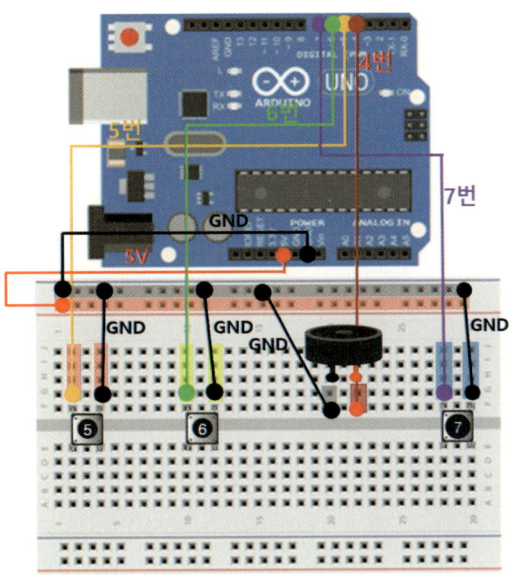

03 코딩 구성

1 Void Setup (라이브러리 호출)

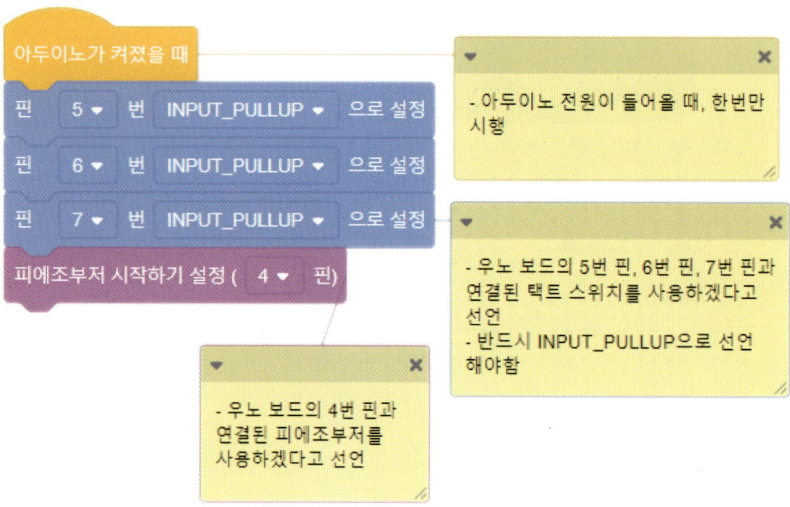

2 Void loop (무한 반복)

① 조건문과 택트 스위치를 이용하여 원하는 노래 연주하기 (5번 스위치)

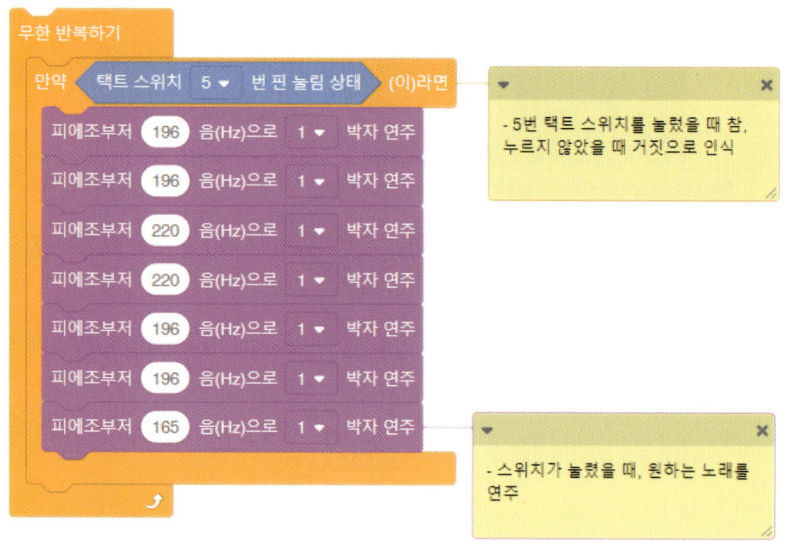

② 조건문과 택트 스위치를 이용하여 원하는 노래 연주하기 (6번 스위치)

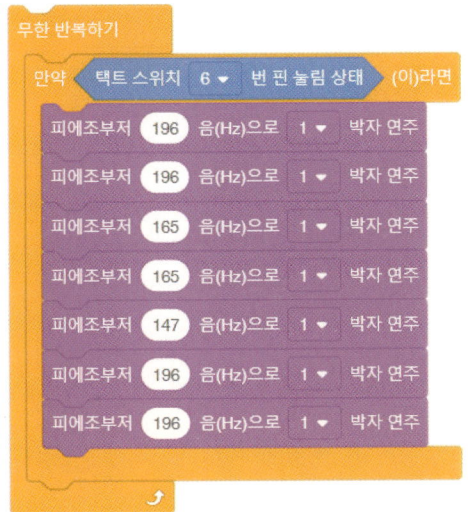

③ 조건문과 택트 스위치를 이용하여 원하는 노래 연주하기 (7번 스위치)

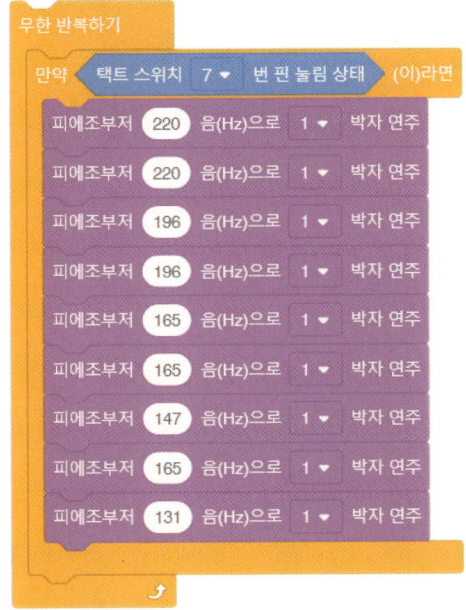

3 전체 코드

```
아두이노가 켜졌을 때
핀 [5▼] 번 [INPUT_PULLUP▼] 으로 설정
핀 [6▼] 번 [INPUT_PULLUP▼] 으로 설정
핀 [7▼] 번 [INPUT_PULLUP▼] 으로 설정
피에조부저 시작하기 설정 ( [4▼] 핀)
무한 반복하기
    만약 <택트 스위치 [5▼] 번 핀 눌림 상태> (이)라면
        피에조부저 (196) 음(Hz)으로 [1▼] 박자 연주
        피에조부저 (196) 음(Hz)으로 [1▼] 박자 연주
        피에조부저 (220) 음(Hz)으로 [1▼] 박자 연주
        피에조부저 (220) 음(Hz)으로 [1▼] 박자 연주
        피에조부저 (196) 음(Hz)으로 [1▼] 박자 연주
        피에조부저 (196) 음(Hz)으로 [1▼] 박자 연주
        피에조부저 (165) 음(Hz)으로 [1▼] 박자 연주
    만약 <택트 스위치 [6▼] 번 핀 눌림 상태> (이)라면
        피에조부저 (196) 음(Hz)으로 [1▼] 박자 연주
        피에조부저 (196) 음(Hz)으로 [1▼] 박자 연주
        피에조부저 (165) 음(Hz)으로 [1▼] 박자 연주
        피에조부저 (165) 음(Hz)으로 [1▼] 박자 연주
        피에조부저 (147) 음(Hz)으로 [1▼] 박자 연주
        피에조부저 (196) 음(Hz)으로 [1▼] 박자 연주
        피에조부저 (196) 음(Hz)으로 [1▼] 박자 연주
    만약 <택트 스위치 [7▼] 번 핀 눌림 상태> (이)라면
        피에조부저 (220) 음(Hz)으로 [1▼] 박자 연주
        피에조부저 (220) 음(Hz)으로 [1▼] 박자 연주
        피에조부저 (196) 음(Hz)으로 [1▼] 박자 연주
        피에조부저 (196) 음(Hz)으로 [1▼] 박자 연주
        피에조부저 (165) 음(Hz)으로 [1▼] 박자 연주
        피에조부저 (165) 음(Hz)으로 [1▼] 박자 연주
        피에조부저 (147) 음(Hz)으로 [1▼] 박자 연주
        피에조부저 (165) 음(Hz)으로 [1▼] 박자 연주
        피에조부저 (131) 음(Hz)으로 [1▼] 박자 연주
```

Memo

Lesson 5 뚜껑 열리는 쓰레기통 만들기

추가 과제

- 초음파 센서에 손을 대면 손을 떼기 전까지 서보 모터가 회전하도록 코딩해 보세요.
- 초음파 센서에 손을 대면 서보 모터가 멈추고, 손을 떼면 서보 모터가 회전하도록 코딩해 보세요.
- 초음파 센서에 손을 한 번 대면 서보 모터가 회전하고, 손을 다시 대면 서보 모터가 멈추도록 코딩해 보세요.

01 준비물

아두이노 우노 보드	미니 브레드 보드	초음파 센서
암-수 및 수수 점퍼 케이블(10cm)	아두이노 우노 데이터 케이블	OTG 젠더(5핀, C타입)

서보 모터

02 회로도 구성

1 전원 공급 : 우노 보드의 5V와 GND를 브레드 보드에 연결한다.

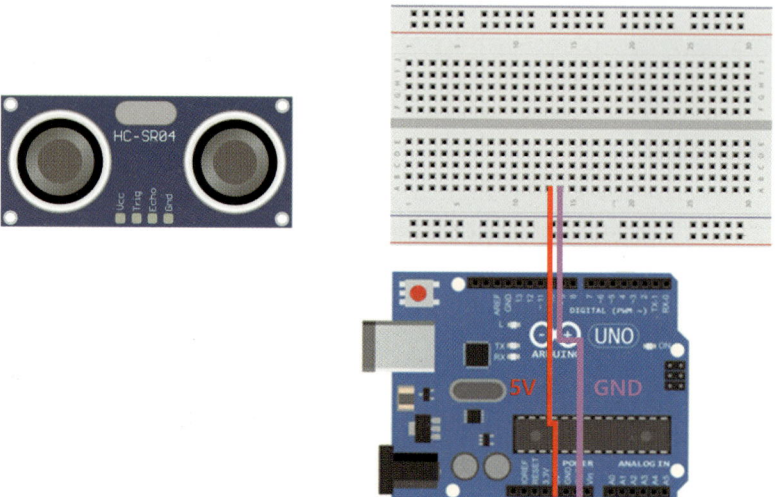

2 초음파 센서 연결 : VCC와 GND는 브레드 보드에 연결하고, Trig와 Echo는 우노 보드의 13번, 12번에 연결한다.

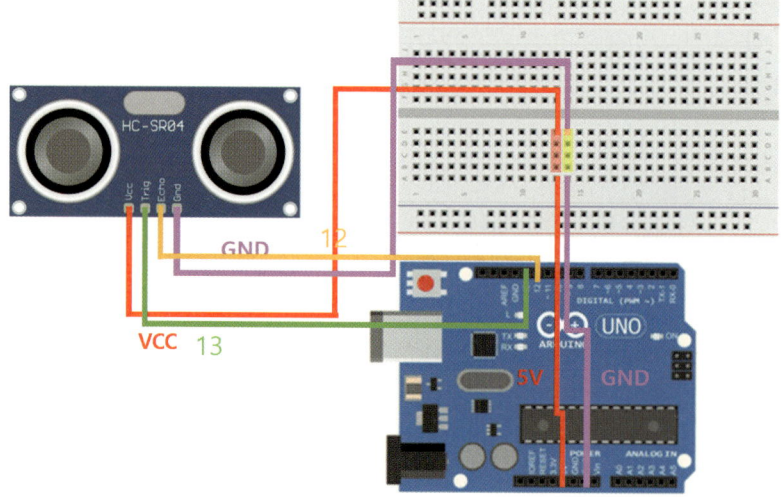

3 **서브 모터 연결** : 서브 모터 중, 5V와 GND는 브레드 보드에 연결하고, 나머지 선은 우노 보드의 4번 핀에 연결한다. (회로 완성)

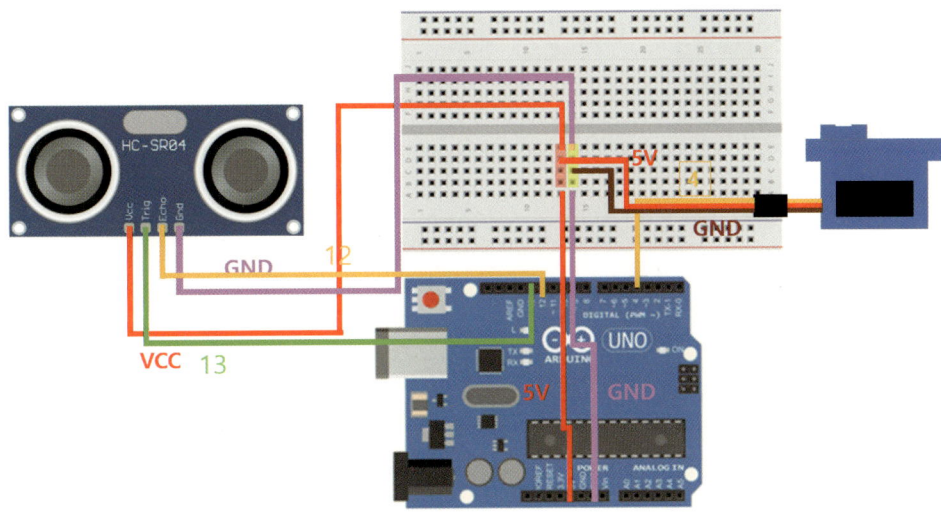

03 코딩 구성

1 **조건문을 이용하여 서보 모터 제어하기** : 초음파 센서와 사물이 닿는 거리를 조건으로 설정하여, 거리에 따라 서보 모터의 각도를 제어한다.

Lesson 6 나는야 저금왕!

추가 과제

- 적외선 센서에 닿으면 하트를 출력하도록 코딩해 보세요.
- 적외선 센서에 닿을 때는 하트, 닿지 않을 때는 네모를 출력하도록 코딩해 보세요.
- 적외선 센서에 닿을 때, 동그라미 → 세모 → 네모를 순서대로 출력하도록 코딩해 보세요.

01 준비물

02 회로도 구성

1 전원 공급 : 우노 보드의 5V와 GND를 브레드 보드에 연결한다.

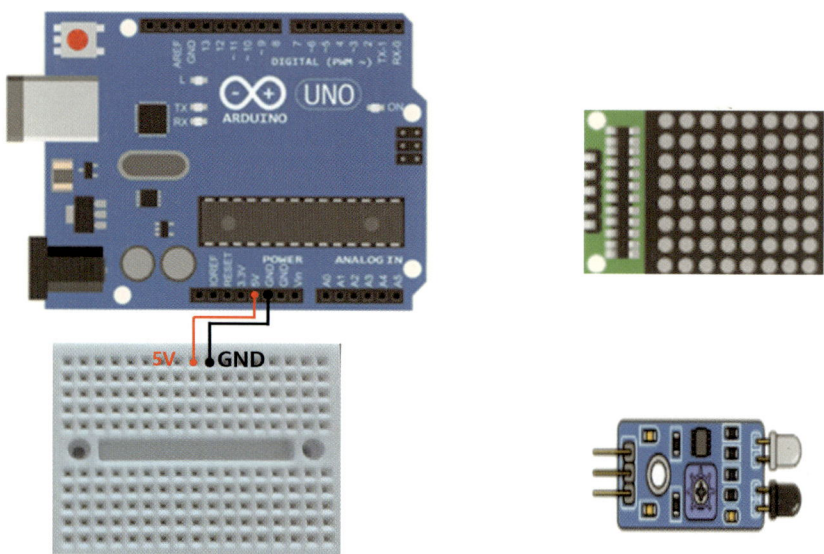

2 적외선 센서 연결 : 적외선 센서의 OUT은 우노 보드의 A0에 연결하고, GND와 VCC는 브레드 보드에 연결한다.

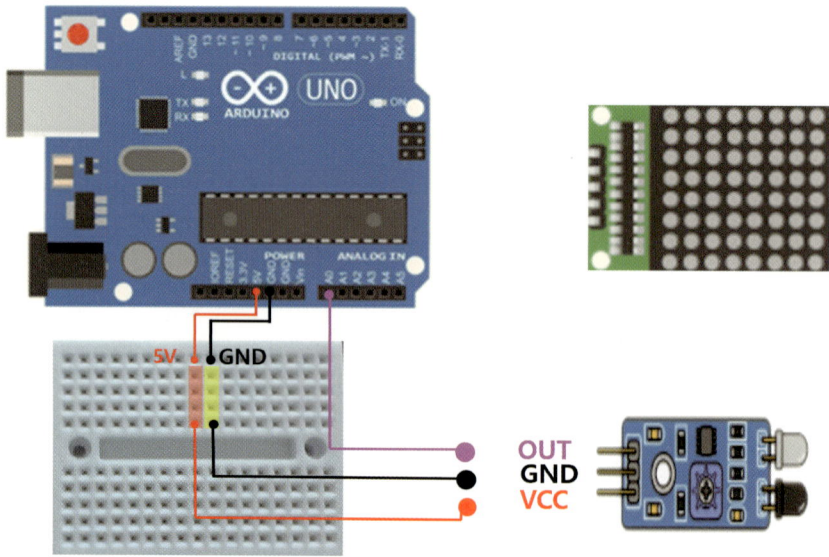

3 **도트 매트릭스 연결하기** : 도트 매트릭스의 VCC와 GND를 브레드 보드에 먼저 연결한다.

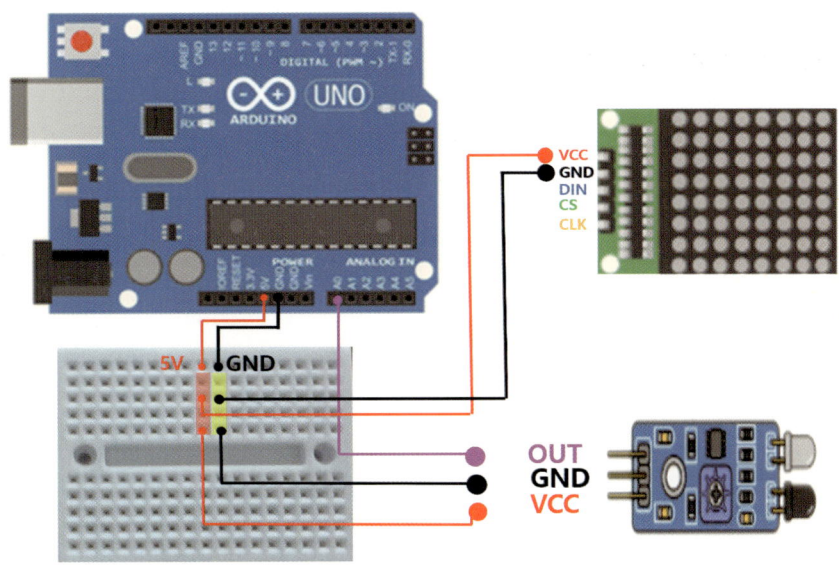

4 **도트 매트릭스와 우노 보드 연결하기** : 도트 매트릭스의 DIN은 우노 보드의 12번 핀, CS는 11번 핀, CLK는 10번 핀과 연결한다. (회로도 완성)

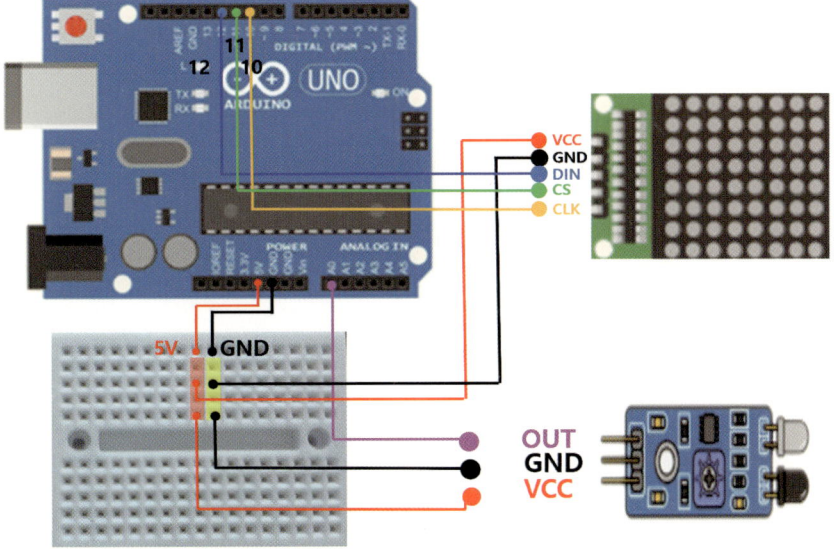

03 코딩 구성

1 Void Setup (라이브러리 호출하기) : 아두이노가 켜졌을 때, 원하는 기능이 제대로 작동할 수 있도록 그림과 같이 블록을 배치한다.

2 Void loop (무한 반복)
① 조건문을 이용하여 기능 추가하기 (If문 활용하기)
 : 조건문을 통해 적외선 센서가 읽는 값을 기준으로 도트 매트릭스를 출력한다. 도트 매트릭스를 사용하려면 도트 매트릭스에 대한 설정부터 먼저 해야되기 때문에 '시작하기 설정' 블록을 이용한다. 이후, 원하는 밝기와 출력 모양을 설정한다.

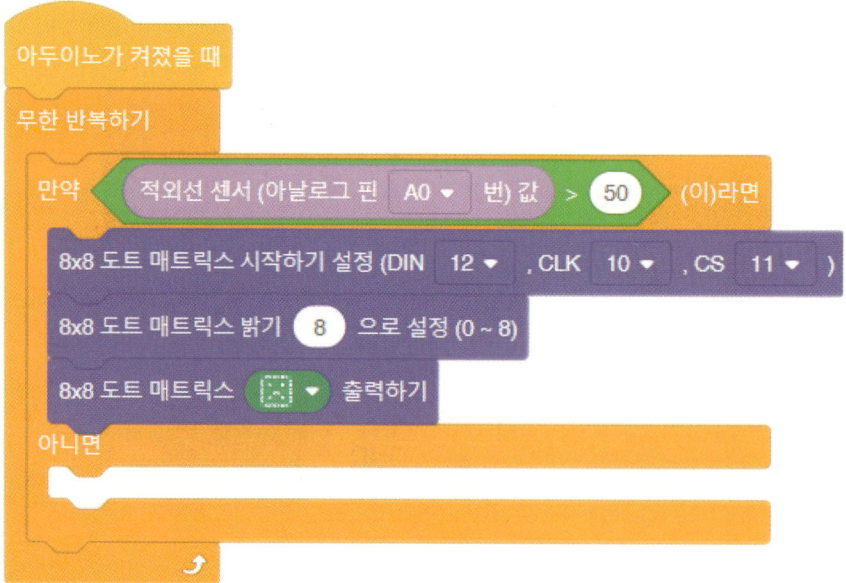

② 조건문을 이용하여 기능 추가하기 (If문 활용하기)
: 2번 과정과 동일하게 기능을 추가한다. 3번 과정은 적외선 센서의 값이 50보다 크지 않을 때 실행되며, 도트 매트릭스에 대한 설정 역시 동일하게 진행해주어야 한다.

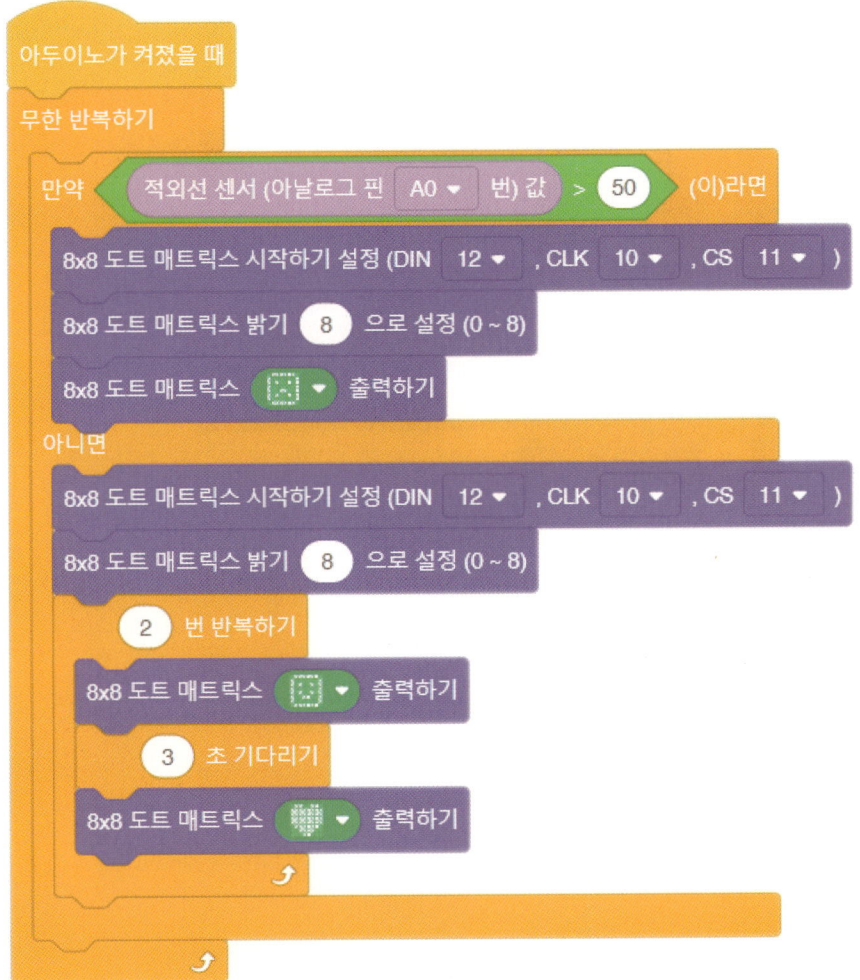

3 전체 코드

아두이노가 켜졌을 때
무한 반복하기
　만약 　적외선 센서 (아날로그 핀 A0 번) 값 > 50 (이)라면
　　8x8 도트 매트릭스 시작하기 설정 (DIN 12 , CLK 10 , CS 11)
　　8x8 도트 매트릭스 밝기 8 으로 설정 (0 ~ 8)
　　8x8 도트 매트릭스 　　 출력하기
　아니면
　　8x8 도트 매트릭스 시작하기 설정 (DIN 12 , CLK 10 , CS 11)
　　8x8 도트 매트릭스 밝기 8 으로 설정 (0 ~ 8)
　　2 번 반복하기
　　　8x8 도트 매트릭스 　　 출력하기
　　　3 초 기다리기
　　　8x8 도트 매트릭스 　　 출력하기

Memo

Lesson 7 자동차 후방 센서 만들기

추가 과제

- 초음파 센서에 손을 대면 소리가 나오도록 코딩한 후, 나만의 모스 부호를 만들어 보세요.
- 초음파 센서에 물체가 닿으면 빨간색 LED와 피에조 부저가 작동하고, 닿지 않으면 초록색 LED만 작동하도록 코딩해 보세요.
- 피에조 부저, 빨간색 LED, 초록색 LED, I2C LCD를 이용하여, 도둑이 들어오면 울리는 '주거 침입 경보음'을 자유롭게 구상해 보세요.

01 준비물

아두이노 우노 보드	미니 브레드 보드	초음파 센서
암-수 및 수수 점퍼 케이블(10cm)	아두이노 우노 데이터 케이블	OTG 젠더(5핀, C타입)
피에조 부저	LED 1개	

02 회로도 구성

1 **전원 공급** : 우노 보드의 5V와 GND를 브레드 보드에 연결한다.

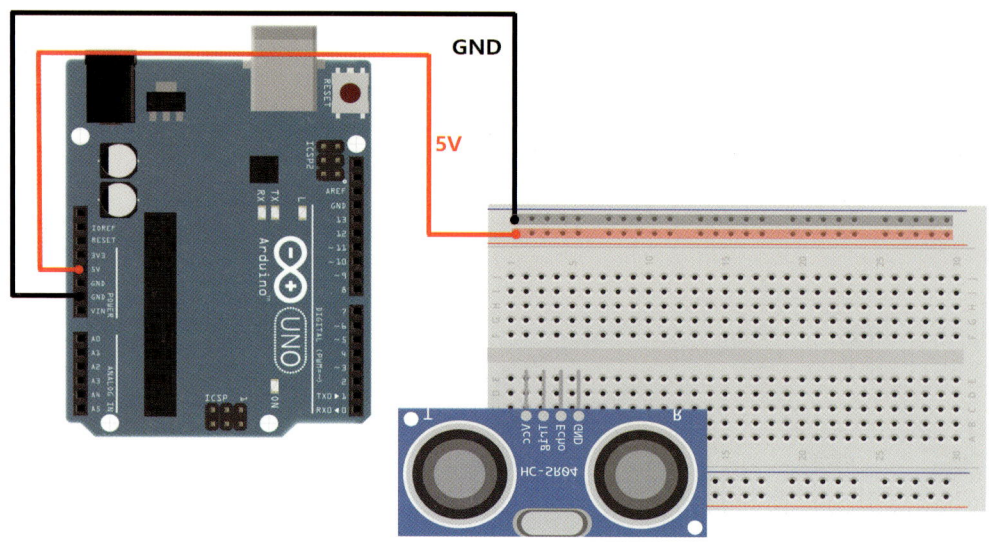

2 **초음파 센서 연결** : VCC와 GND는 브레드 보드에 연결하고, Trig와 Echo는 우노 보드의 13번 핀, 12번 핀에 각각 연결한다.

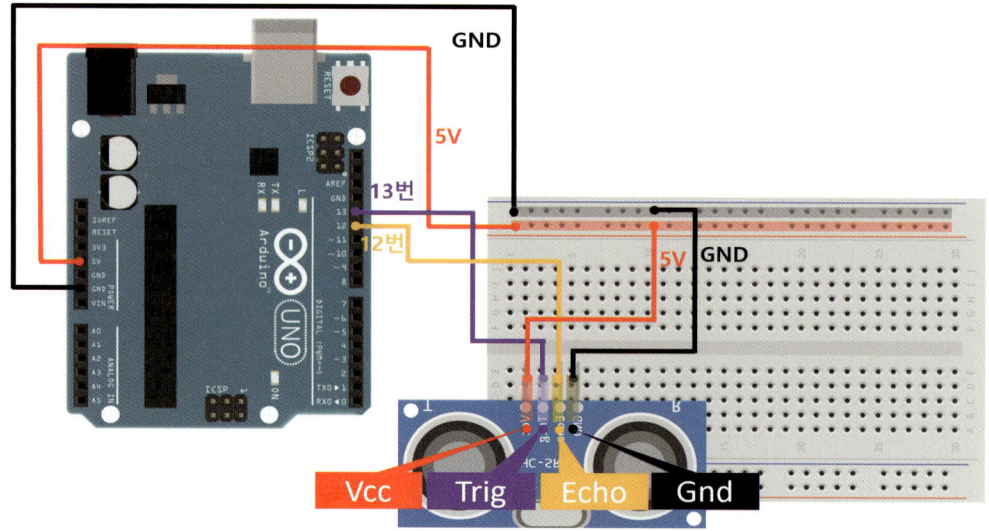

3 LED 연결하기 : LED를 브레드 보드의 적당한 위치에 부착한 다음, 그림과 같이 회로를 연결한다. 이때, LED의 -극이 브레드 보드의 GND에 연결되도록 주의한다.

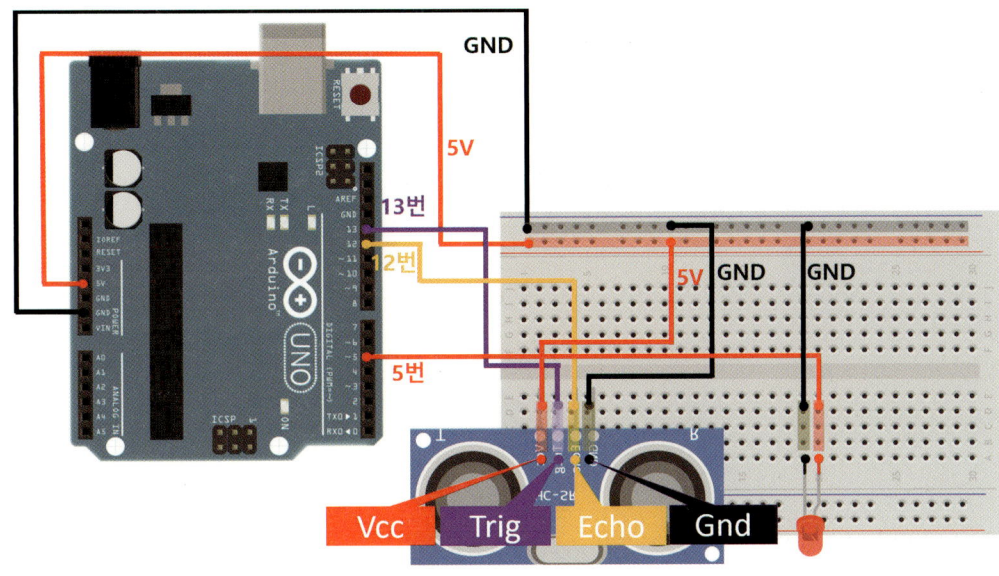

4 피에조 부저 연결하기 : 피에조 부저를 브레드 보드에 부착한 후, 왼쪽은 브레드 보드의 GND, 오른쪽은 우노 보드의 6번 핀과 연결한다.

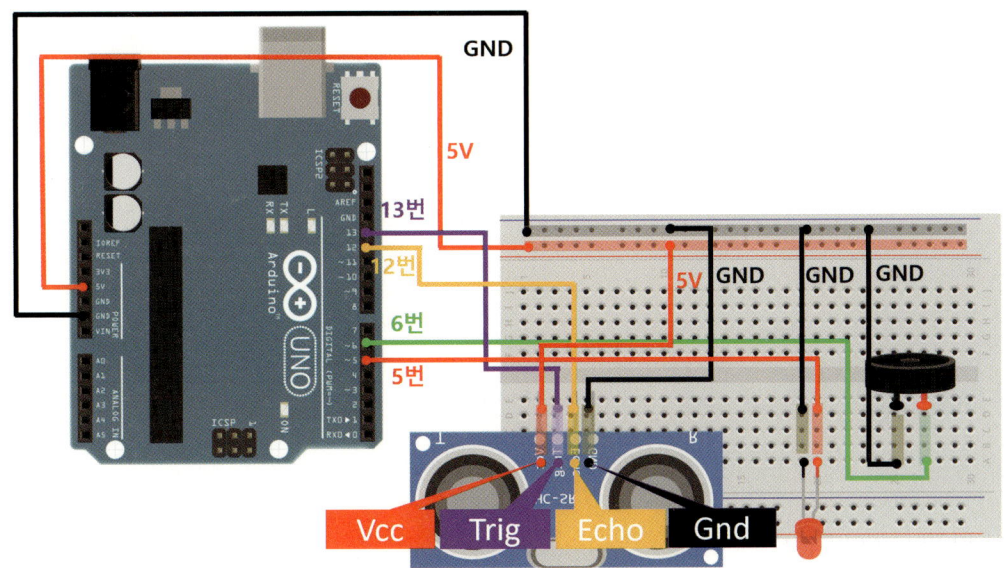

03 코딩 구성

1 Void Setup (라이브러리 호출)

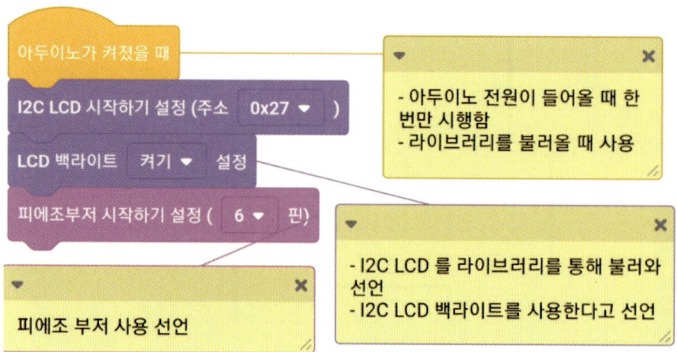

2 Void loop (무한 반복)

초음파 센서, 피에조 부저, LED 코딩하기

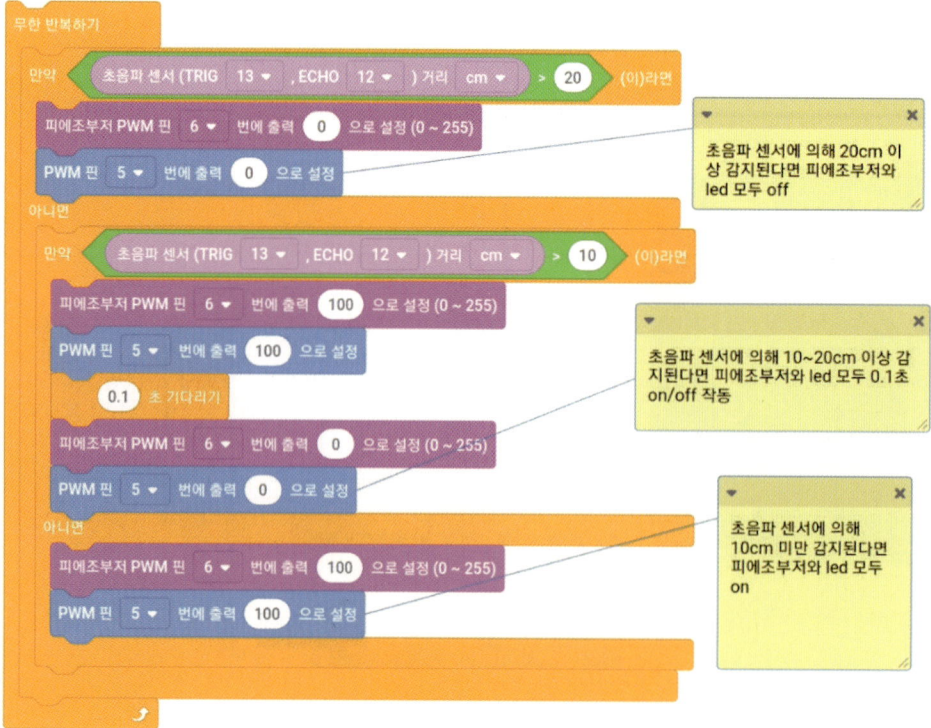

3 코딩 완성

```
아두이노가 켜졌을 때
피에조부저 시작하기 설정 ( 6 ▼ 핀)
무한 반복하기
    만약 < 초음파 센서 (TRIG 13 ▼ , ECHO 12 ▼ ) 거리 cm ▼ > 20 > (이)라면
        피에조부저 PWM 핀 6 ▼ 번에 출력 0 으로 설정 (0 ~ 255)
        PWM 핀 5 ▼ 번에 출력 0 으로 설정
    아니면
        만약 < 초음파 센서 (TRIG 13 ▼ , ECHO 12 ▼ ) 거리 cm ▼ > 10 > (이)라면
            피에조부저 PWM 핀 6 ▼ 번에 출력 100 으로 설정 (0 ~ 255)
            PWM 핀 5 ▼ 번에 출력 100 으로 설정
            0.1 초 기다리기
            피에조부저 PWM 핀 6 ▼ 번에 출력 0 으로 설정 (0 ~ 255)
            PWM 핀 5 ▼ 번에 출력 0 으로 설정
        아니면
            피에조부저 PWM 핀 6 ▼ 번에 출력 100 으로 설정 (0 ~ 255)
            PWM 핀 5 ▼ 번에 출력 100 으로 설정
```

Lesson 8 초음파 거리재기

추가 과제

- 초음파 센서와 물체의 거리(인치)를 LCD를 사용하여 출력해 보세요.
- 초음파 센서와 물체의 거리가 가까우면 'Close', 멀면 'Far'를 출력해 보세요.
- 초음파 센서를 이용하여 자동차 후방 센서를 구현해 보세요.

01 준비물

아두이노 우노 보드	미니 브레드 보드	초음파 센서
암-수 및 수수 점퍼 케이블(10cm)	아두이노 우노 데이터 케이블	OTG 젠더(5핀, C타입)
디스플레이		

02 회로도 구성

1 전원 공급 : 우노 보드의 5V와 GND를 브레드 보드에 연결한다.

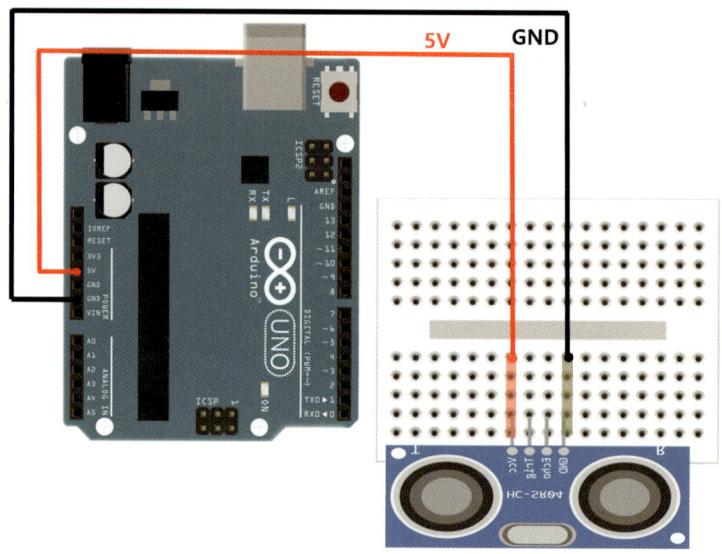

2 LCD 연결하기 : LCD의 GND와 VCC는 브레드 보드에 연결하고, SDA와 SCL은 각각 우노 보드의 A4와 A5 핀에 연결한다.

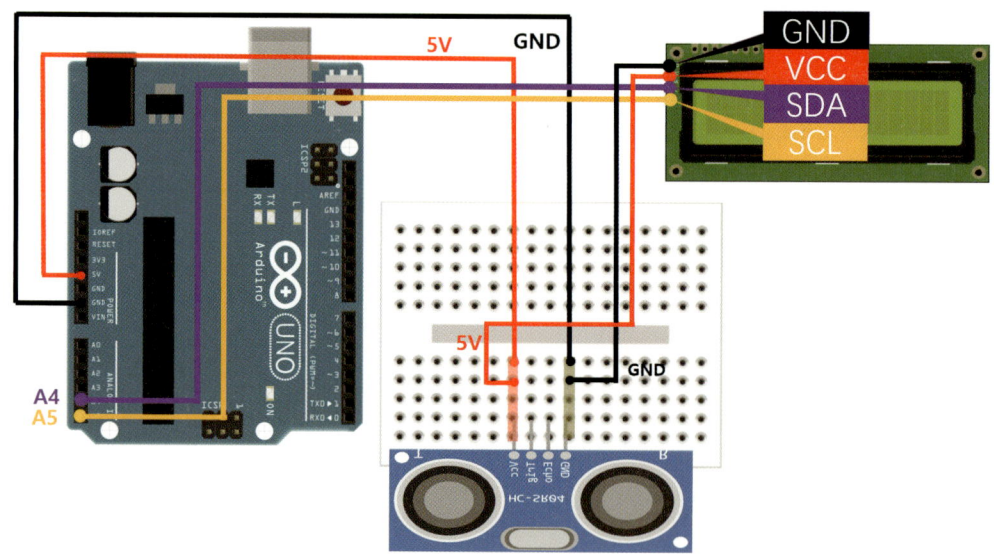

3 **초음파 센서 연결하기** : 초음파 센서의 VCC와 GND가 브레드 보드와 맞물리도록 부착한다. 이때, 초음파 센서의 Trig와 Echo는 우노 보드의 2번 핀, 3번 핀에 연결되도록 회로를 구성한다.

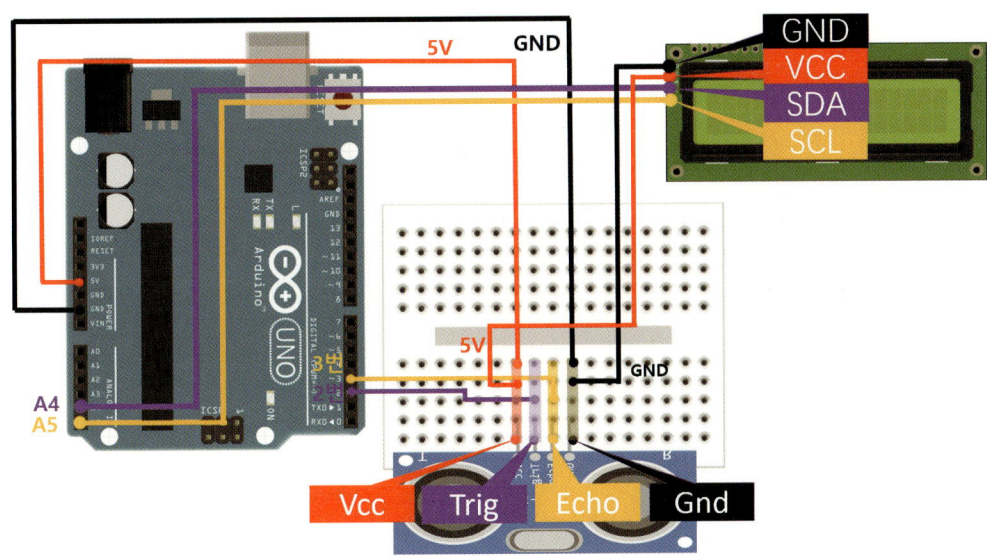

03 코딩 구성

1 Void Setup (라이브러리 호출)

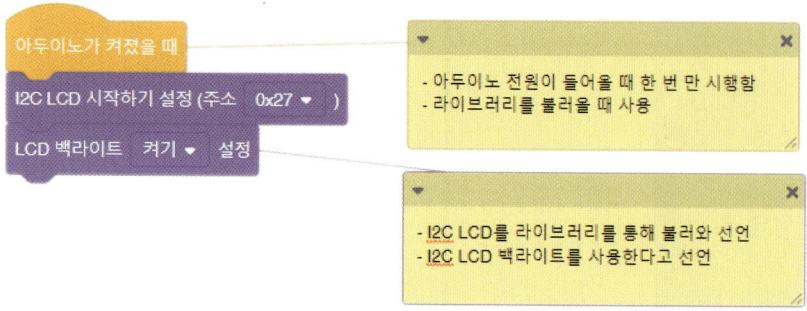

2 Void loop (무한 반복)

① I2C LCD와 초음파 센서를 이용하여 코딩하기

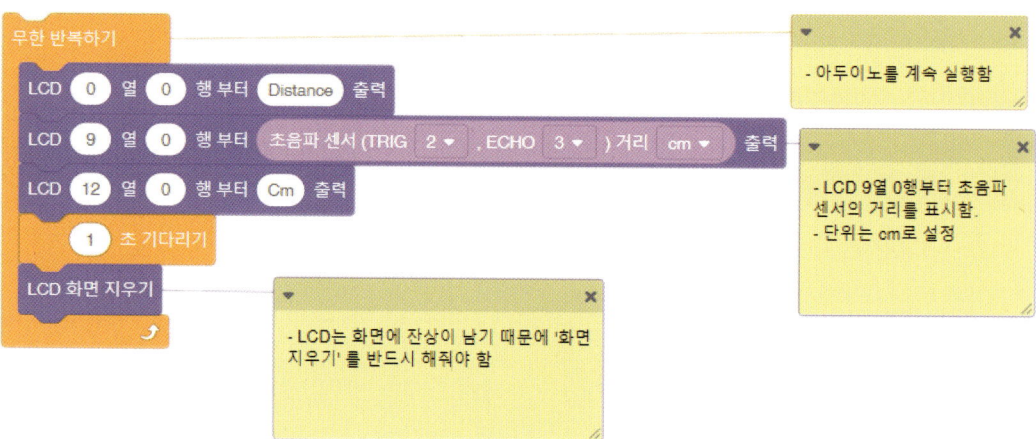

3 코딩 완성

아두이노가 켜졌을 때
I2C LCD 시작하기 설정 (주소 0x27 ▼)
LCD 백라이트 켜기 ▼ 설정
무한 반복하기
　LCD 0 열 0 행 부터 Distance 출력
　LCD 9 열 0 행 부터 초음파 센서 (TRIG 2 ▼ , ECHO 3 ▼) 거리 cm ▼ 출력
　LCD 12 열 0 행 부터 Cm 출력
　1 초 기다리기
　LCD 화면 지우기

Lesson

9 안전하고 똑똑한 신호등

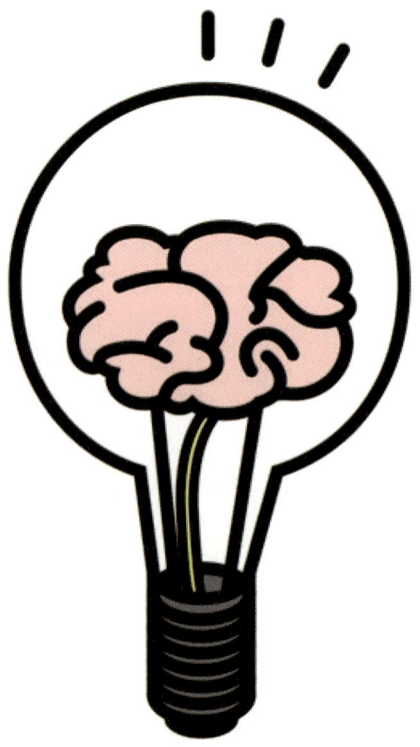

추가 과제

- 초음파 센서와 물체의 거리에 따라 다른 소리가 출력되도록 코딩해 보세요.
- 초음파 센서에 손을 대면 음악이 출력되고, LCD에 음악 제목이 출력되는 나만의 오르골을 만들어 보세요.
- 초음파 센서에 손을 대면 빨간색 LED가 작동하고, 손을 떼면 초록색 LED가 작동하도록 코딩해 보세요.

01 준비물

아두이노 우노 보드	미니 브레드 보드	초음파 센서
암-수 및 수수 점퍼 케이블(10cm)	아두이노 우노 데이터 케이블	OTG 젠더(5핀, C타입)
피에조 부저	I2C LCD	LED

02 회로도 구성

1 전원 공급 : 우노 보드의 5V와 GND를 브레드 보드에 연결한다.

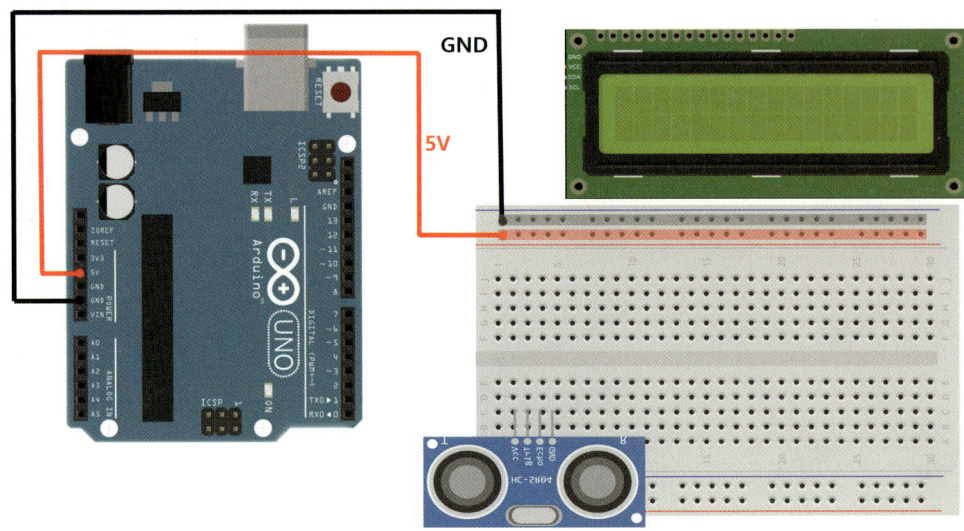

2 초음파 센서 연결 : 초음파 센서를 브레드 보드에 부착한다. 이때, 점퍼 케이블을 VCC와 GND는 브레드 보드에 연결하고, Trig와 Echo는 각각 우노 보드의 13번 핀, 12번 핀에 연결한다.

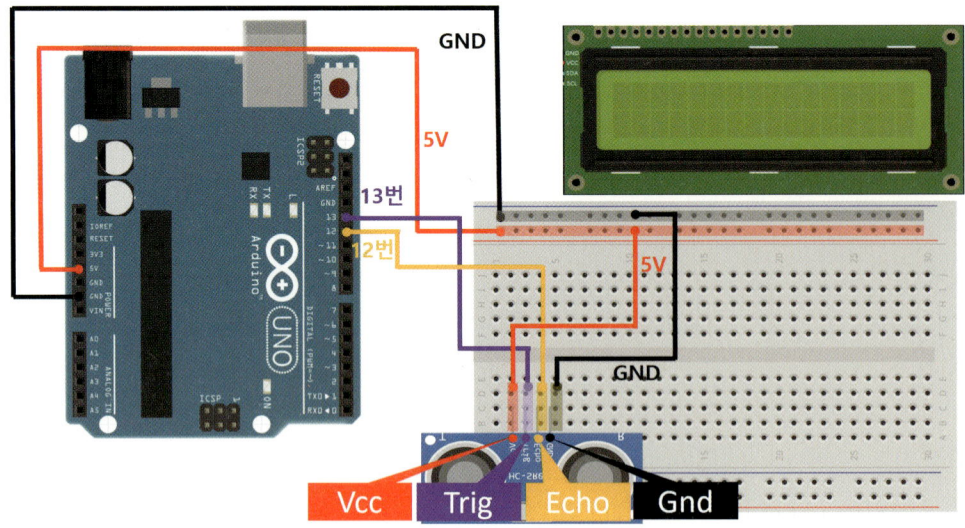

3 빨간색 LED 연결하기 : 빨간색 LED를 브레드 보드에 꽂은 후, -극은 브레드 보드의 GND, +극은 우노 보드의 5번 핀에 연결한다.

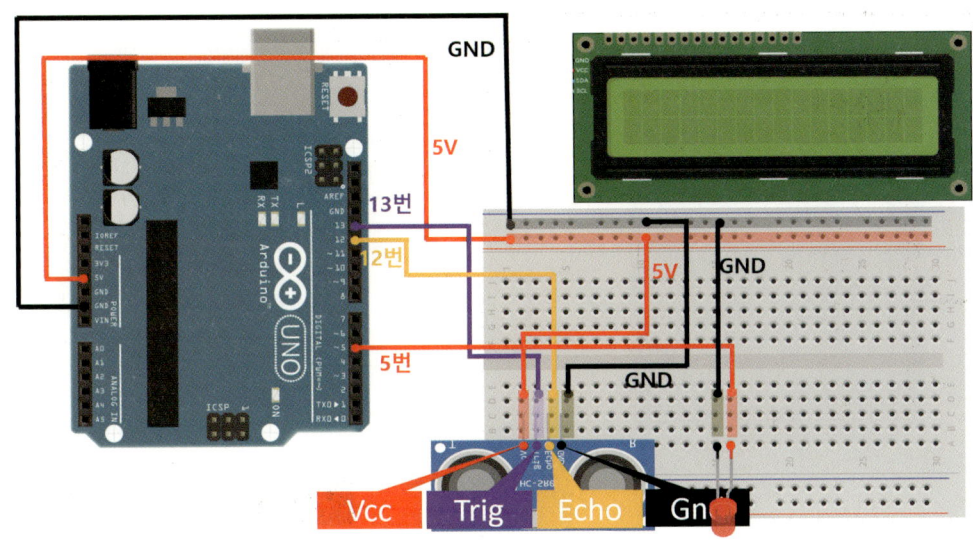

4 초록색 LED 연결하기 : 초록색 LED를 브레드 보드에 꽂은 후, -극은 브레드 보드의 GND, +극은 우노 보드의 6번 핀에 연결한다.

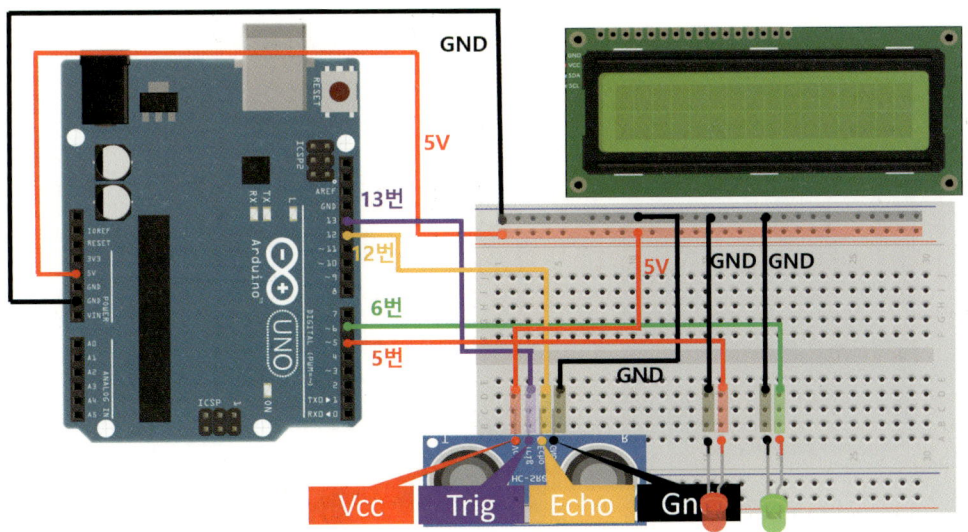

5 피에조 부저 연결하기 : 피에조 부저를 브레드 보드에 부착한 후, 왼쪽은 GND, 오른쪽은 우노 보드의 4번 핀에 연결한다.

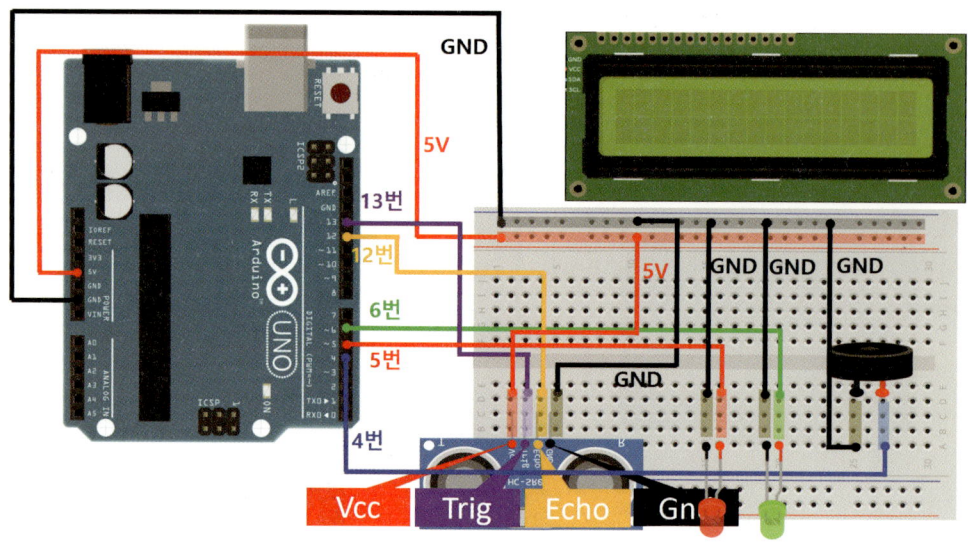

6 I2C LCD 연결하기 : LCD의 GND와 VCC는 각각 브레드 보드의 GND와 5V에 연결하고, LCD의 SDA와 SCL은 각각 우노 보드의 A4와 A5에 연결한다.

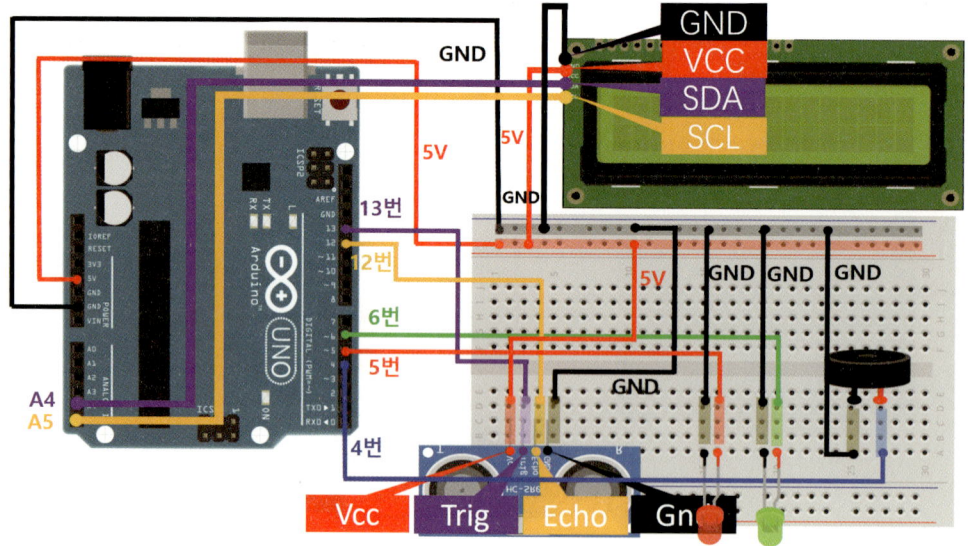

03 코딩 구성

1 Void Setup (라이브러리 호출)

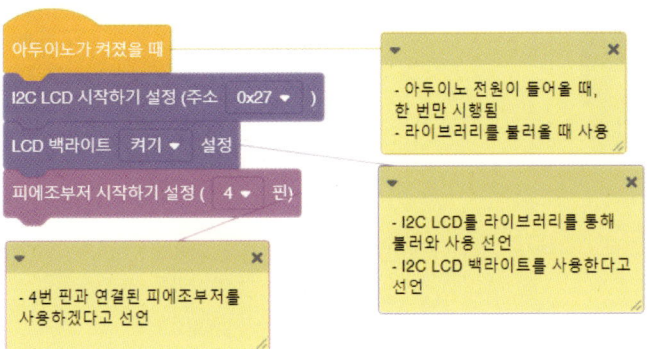

2 Void loop (무한 반복)

① 조건문을 이용하여 I2C LCD와 빨간색 LED 제어하기

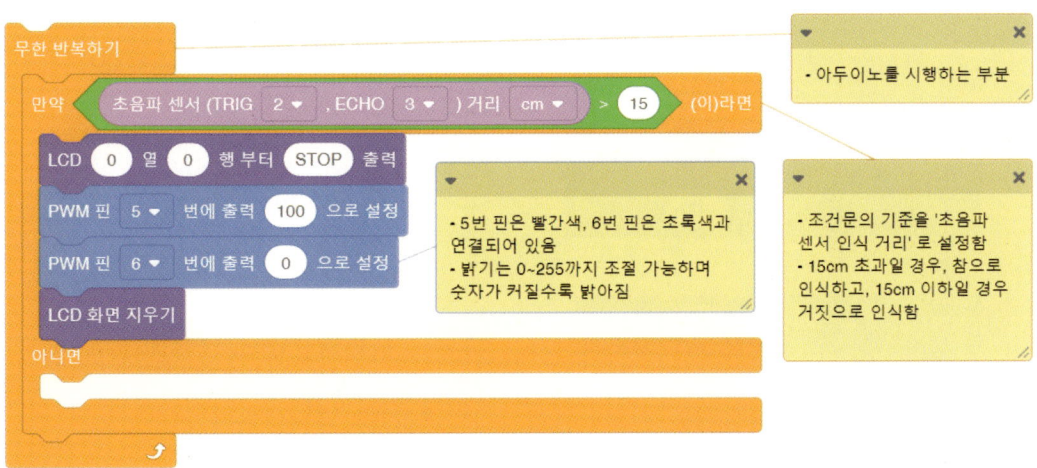

② 조건문을 이용하여 I2C LCD와 초록색 LED 제어하기

3 전체 코드 : 코드 완성

아두이노가 켜졌을 때
- I2C LCD 시작하기 설정 (주소 0x27 ▼)
- LCD 백라이트 켜기 ▼ 설정
- 피에조부저 시작하기 설정 (4 ▼ 핀)
- 무한 반복하기
  - 만약 〈 초음파 센서 (TRIG 2 ▼ , ECHO 3 ▼) 거리 cm ▼ 〉 > 15 〉 (이)라면
    - LCD 0 열 0 행 부터 STOP 출력
    - PWM 핀 5 ▼ 번에 출력 100 으로 설정
    - PWM 핀 6 ▼ 번에 출력 0 으로 설정
    - LCD 화면 지우기
  - 아니면
    - 2 초 기다리기
    - LCD 0 열 0 행 부터 Cross the 출력
    - LCD 0 열 1 행 부터 Crosswalk 출력
    - PWM 핀 5 ▼ 번에 출력 0 으로 설정
    - PWM 핀 6 ▼ 번에 출력 100 으로 설정
    - 피에조부저 C4 ▼ 톤으로 1 ▼ 박자 연주
    - 5 초 기다리기
    - 5 번 반복하기
      - 피에조부저 C4 ▼ 톤으로 1 ▼ 박자 연주
      - PWM 핀 6 ▼ 번에 출력 100 으로 설정
      - 0.5 초 기다리기
      - PWM 핀 6 ▼ 번에 출력 0 으로 설정
    - LCD 화면 지우기

Lesson 10 도트 매트릭스 목걸이

추가 과제

- 도트 매트릭스를 이용하여 원하는 문자를 출력해 보세요.
- 동그라미 → 세모 → 네모를 순서대로 출력하도록 코딩해 보세요.

01 준비물

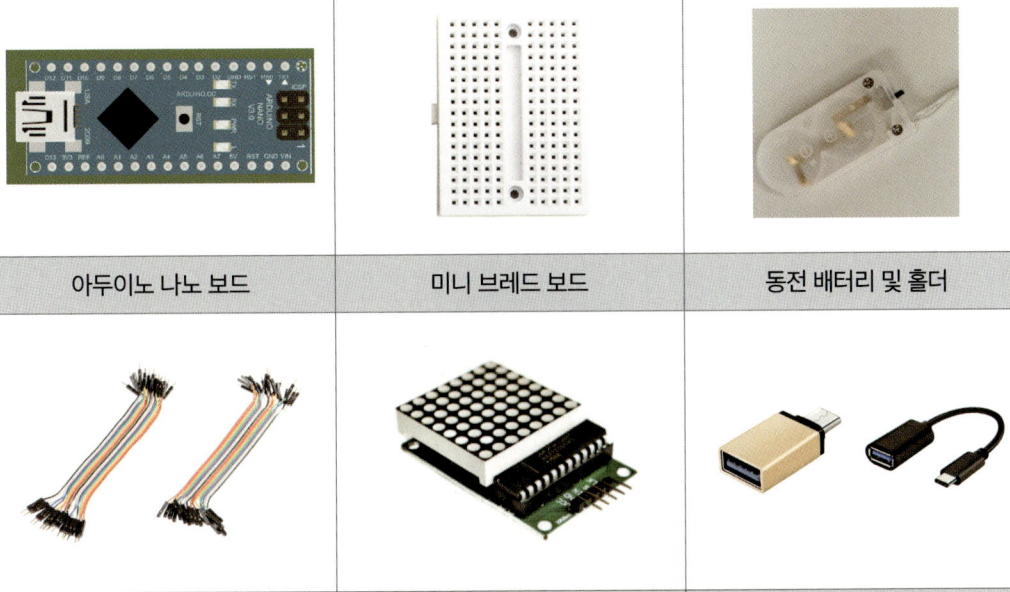

아두이노 나노 보드	미니 브레드 보드	동전 배터리 및 홀더
암-수 및 수수 점퍼 케이블(10cm)	도트 매트릭스	OTG 젠더(5핀, C타입)

아두이노 우노 데이터 케이블

02 회로도 구성

1 전원 공급 : 나노 보드를 브레드 보드에 꽂는다.

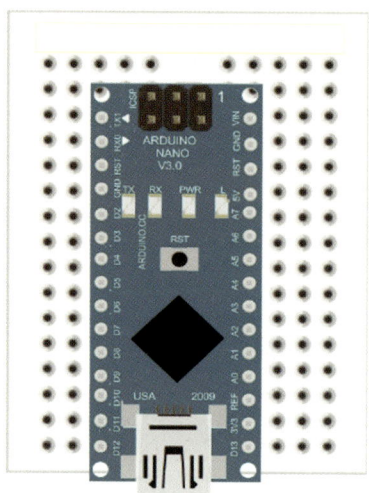

2 도트 매트릭스 연결하기 : 도트 매트릭스의 VCC와 GND는 나노 보드의 5V와 GND가 부착된 브레드 보드에 연결한다. 도트 매트릭스의 DIN은 나노 보드의 12번 핀, CS는 11번 핀, CLK는 10번 핀에 연결한다.

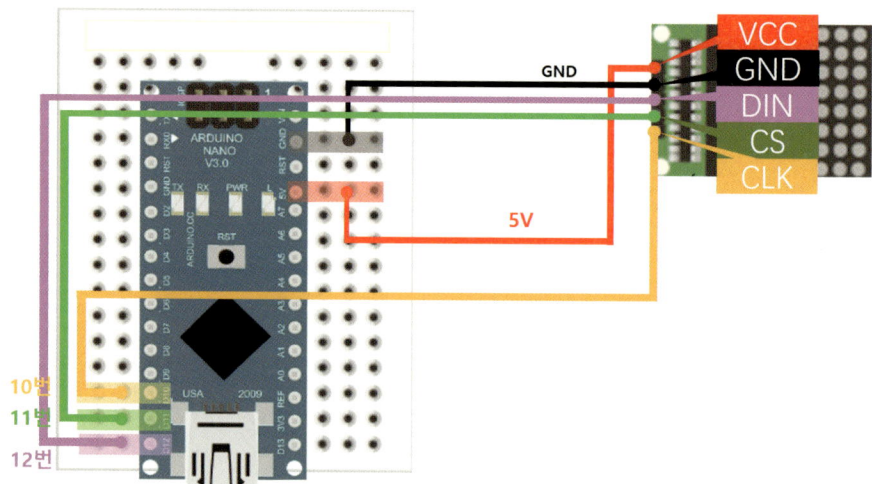

3 **동전 배터리 연결하기** : 동전 배터리의 점퍼 케이블을 각각 5V와 GND에 연결한다.

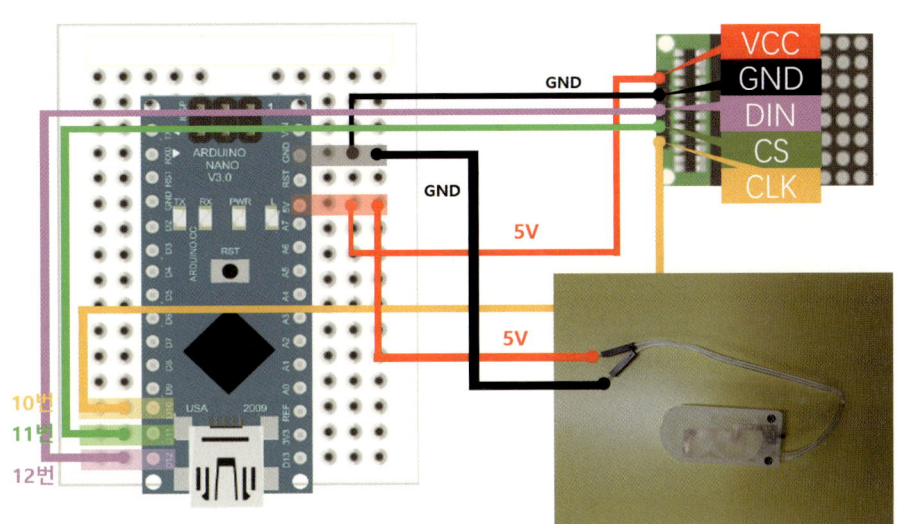

03 코딩 구성

1 Void Setup (라이브러리 호출)

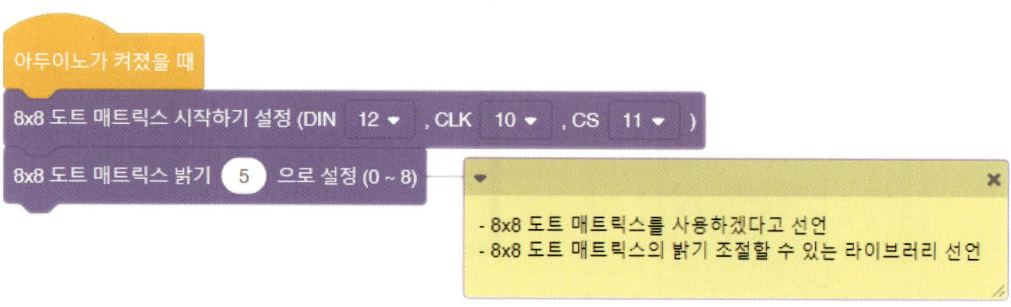

2 Void loop (무한 반복) : 원하는 모양을 도트 매트릭스에 그려서 출력한다.

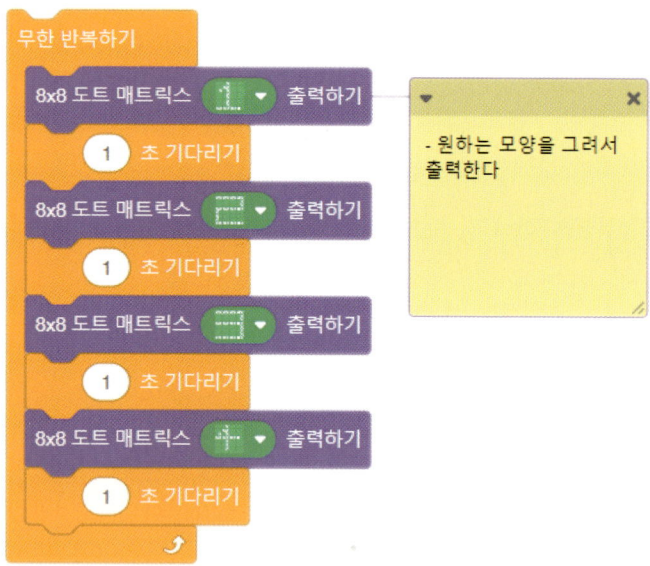

3 회로도 완성

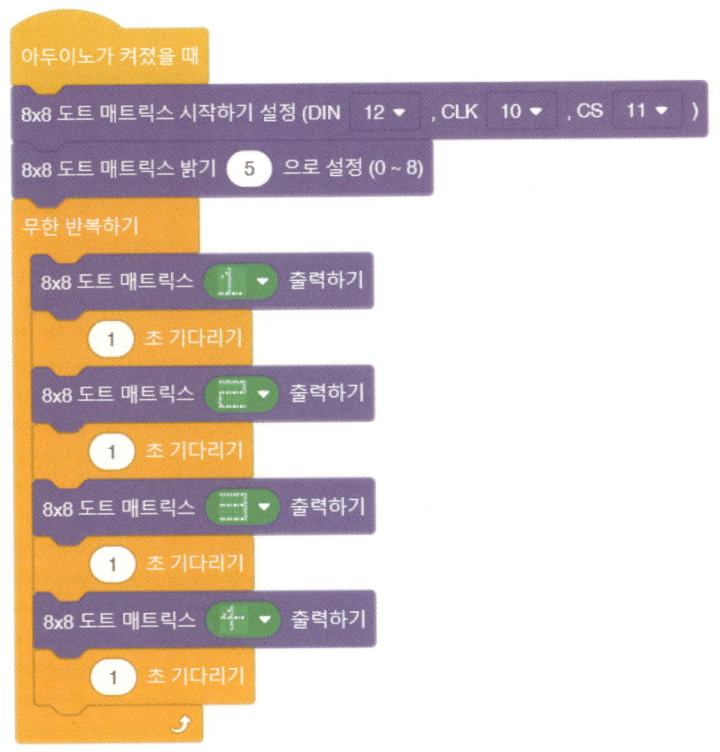

Lesson 11 위기의 북극곰 (서보 모터 활용)

추가 과제

- 3번 택트 스위치를 누르면 서보 모터가 작동하고, 4번 택트 스위치를 누르면 서보 모터가 멈추도록 코딩해 보세요.
- 3번 택트 스위치를 누르면 초록색 LED만 작동하고, 4번 택트 스위치를 누르면 빨간색 LED만 작동하도록 코딩해 보세요.
- 택트 스위치를 계속 누르면 LED가 점점 밝아지고, 택트 스위치를 누르지 않으면 LED가 점점 어두워지도록 코딩해 보세요.

01 준비물

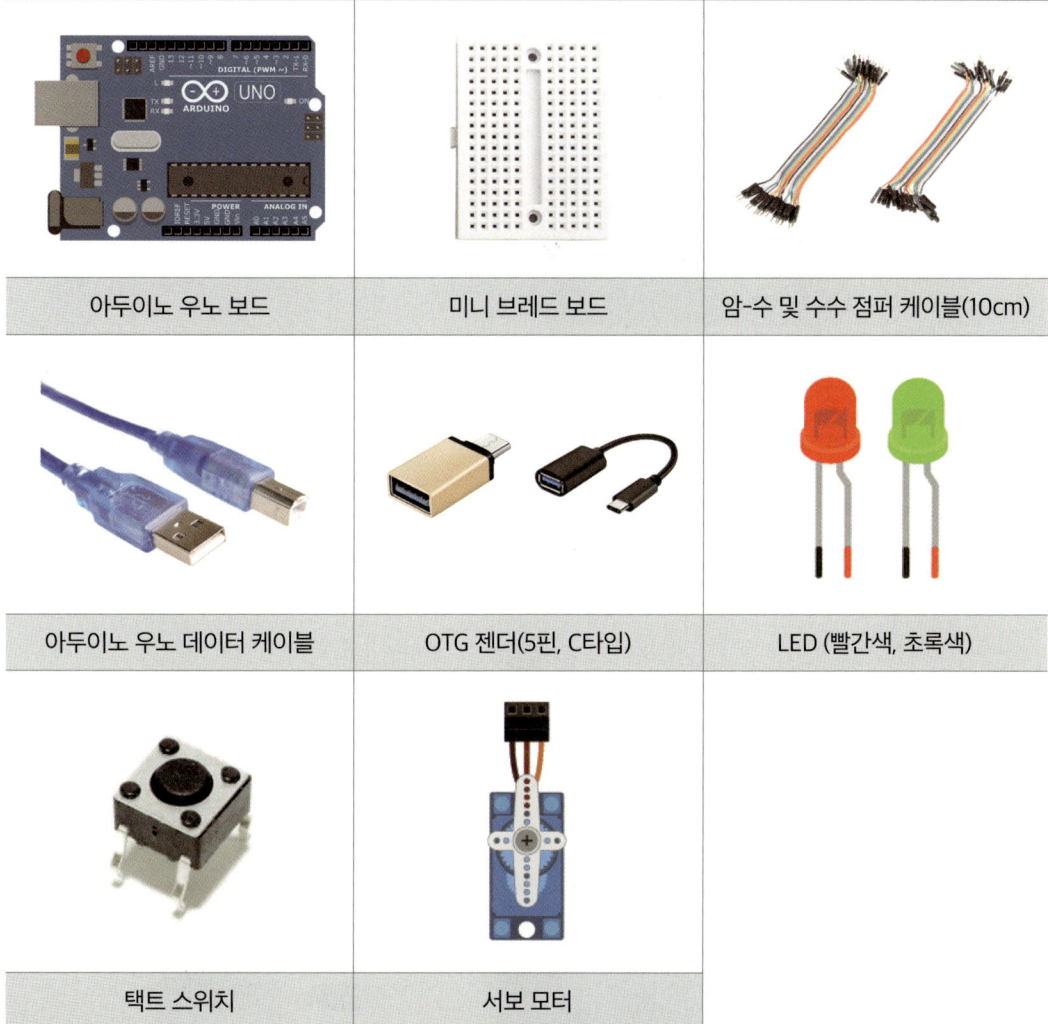

아두이노 우노 보드	미니 브레드 보드	암-수 및 수수 점퍼 케이블(10cm)
아두이노 우노 데이터 케이블	OTG 젠더(5핀, C타입)	LED (빨간색, 초록색)
택트 스위치	서보 모터	

02 회로도 구성

1 전원 공급 : 우노 보드에서 5V와 GND를 브레드 보드에 연결한다.

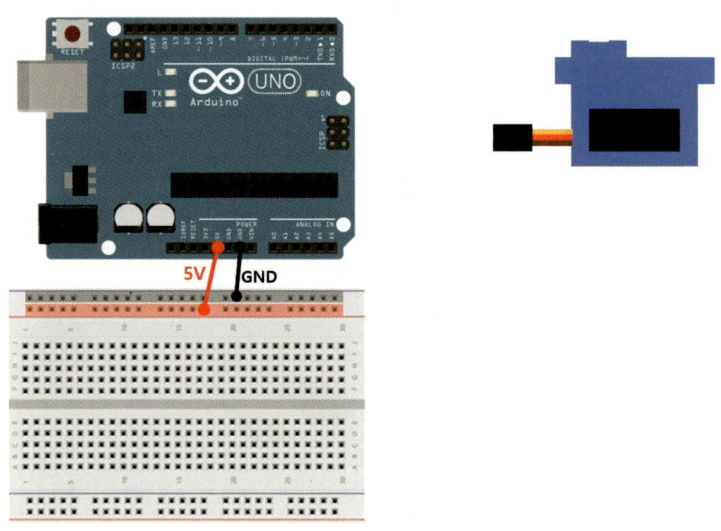

2 택트 스위치 연결하기 : 3번과 4번 택트 스위치를 적절한 위치에 꽂는다. 이때, 각각의 택트 스위치의 오른쪽은 GND, 왼쪽은 우노 보드와 연결한다.

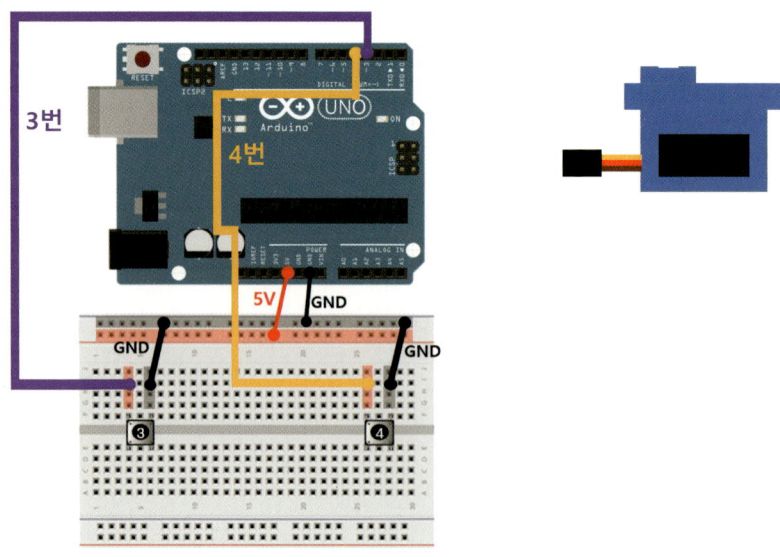

③ **빨간색 LED 연결하기** : 빨간색 LED를 브레드 보드에 꽂은 후, -극은 GND, +극은 우노 보드 5번 핀과 연결한다.

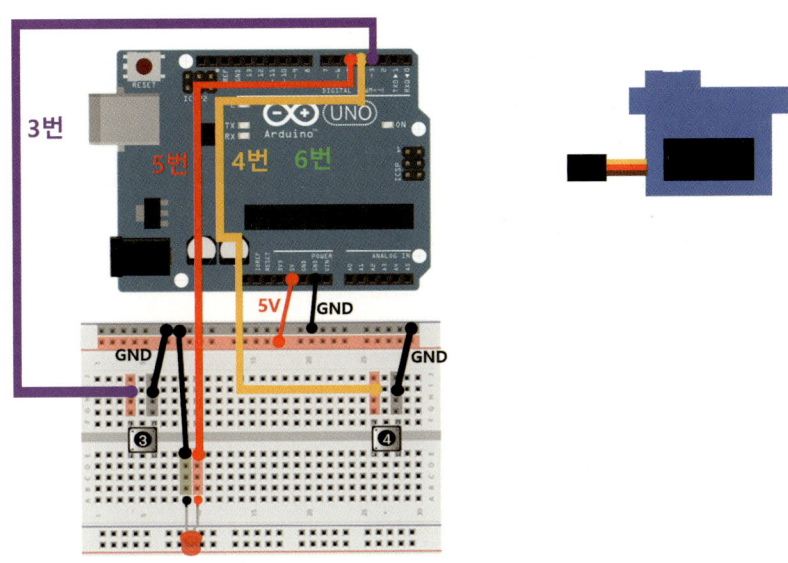

④ **초록색 LED 연결하기** : 초록색 LED를 브레드 보드에 꽂은 후, -극은 GND, +극은 우노 보드 6번 핀과 연결한다.

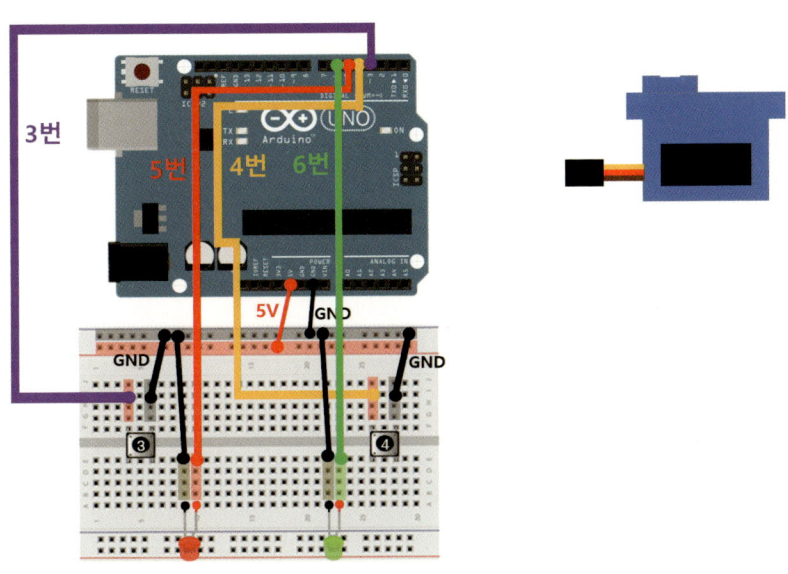

5 **서보 모터 연결하기** : 서보 모터의 한쪽은 우노 보드의 9번 핀, 나머지는 브레드 보드의 5V 와 GND에 연결한다.

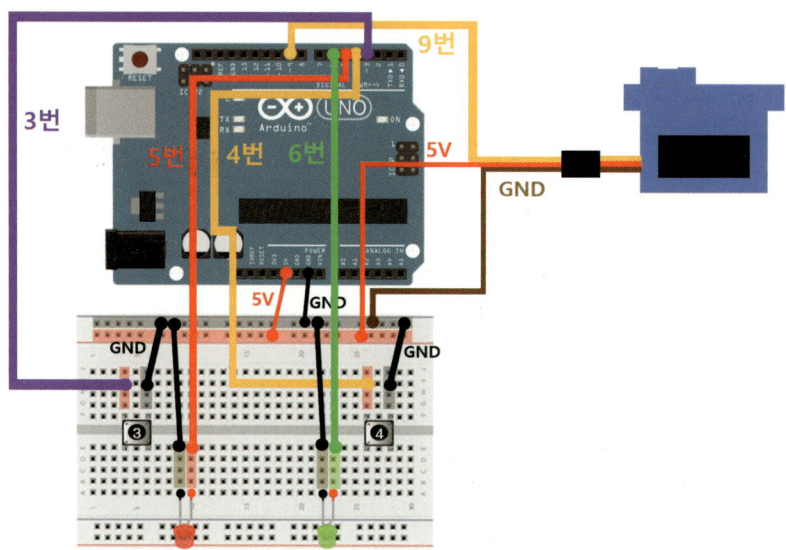

03 코딩 구성

1 Void setup (라이브러리 호출)

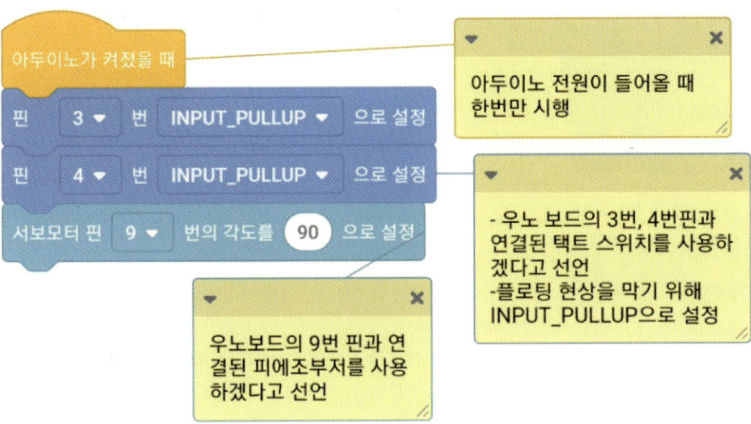

2 Void loop (무한 반복)

① 조건문을 이용하여 서보 모터와 빨간색 LED 제어하기

② 조건문을 이용하여 서보 모터와 초록색 LED 제어하기

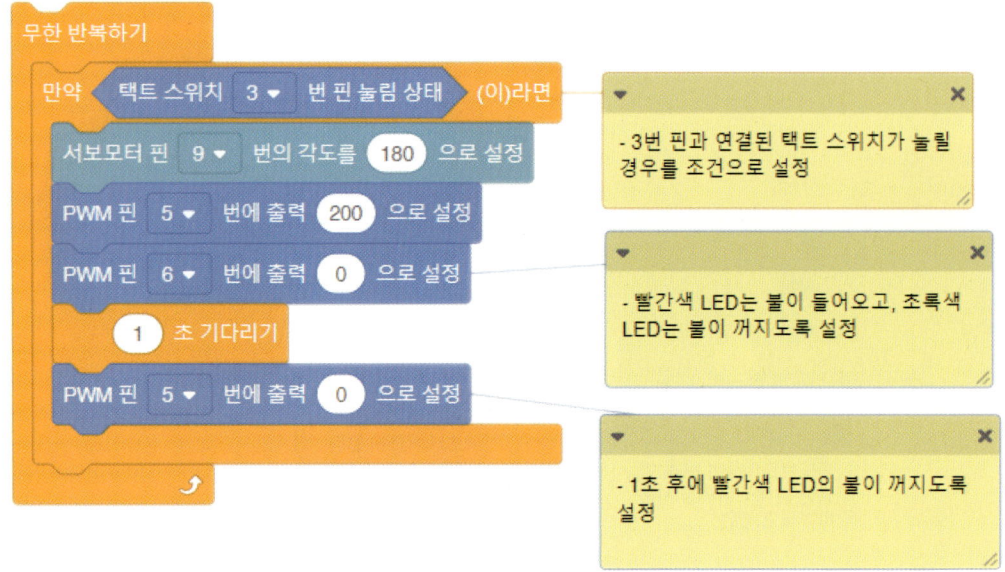

3 전체 코드 완성

Lesson 12 위기의 북극곰 (온습도 센서 활용)

추가 과제

- 온습도 센서의 온도와 습도 값을 LCD에 표현될 수 있도록 코딩해 보세요.
- 온도값이 25℃ 이상이면 서보 모터 각도를 180도, 25℃ 이하면 각도를 0도로 움직이도록 코딩 해 보세요.
- 온도값을 0~10℃, 10~20℃ 등과 같이 범위에 따라 서보 모터 각도를 다르게 움직이도록 코딩해 보세요.

01 준비물

아두이노 우노 보드	미니 브레드 보드	암-수 및 수수 점퍼 케이블(10cm)
아두이노 우노 데이터 케이블	OTG 젠더(5핀, C타입)	온습도 센서
서보 모터	12C LCD	

02 회로도 구성

1 **전원 공급** : 우노 보드의 5V와 GND를 브레드 보드에 연결한다.

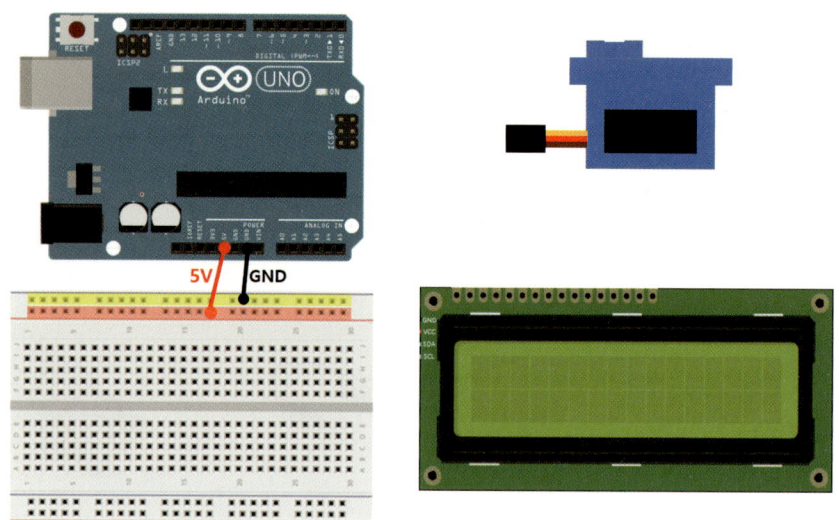

2 **서보 모터 연결하기** : 서보 모터를 우노 보드의 5번 핀과 연결하고, 나머지는 브레드 보드의 5V와 GND에 연결한다.

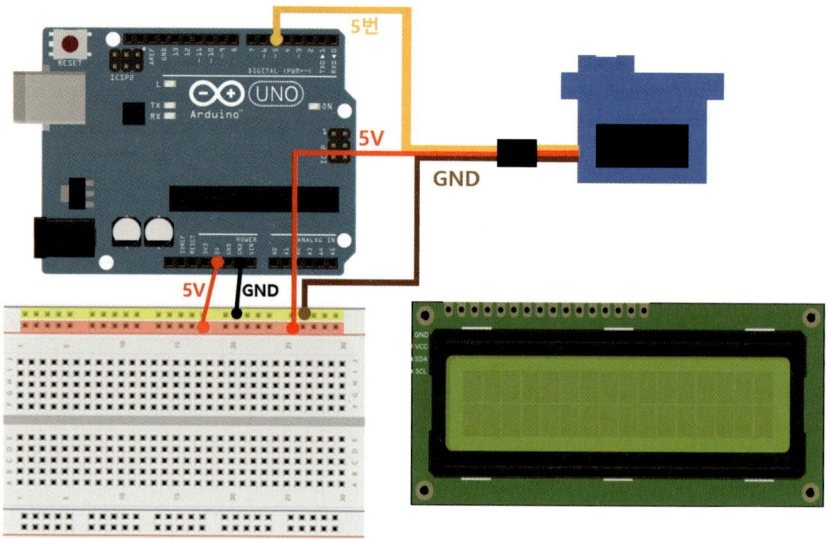

3 **LCD 연결하기** : I2C LCD의 GND와 VCC는 각각 브레드 보드의 GND와 5V에 연결한다. 그리고 LCD의 SDA는 우노 보드의 A4 핀, SCL은 우노 보드의 A5 핀과 연결한다.

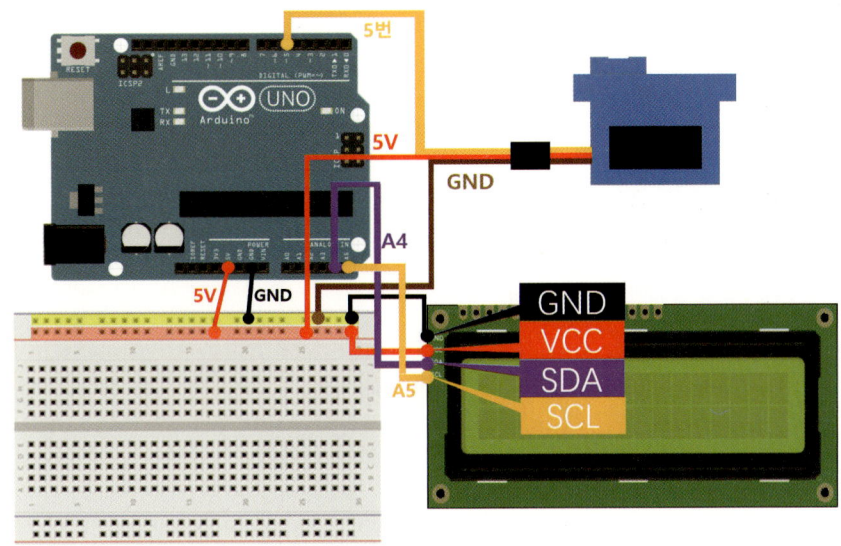

4 **온습도 센서 연결하기** : 온습도 센서의 VCC와 GND를 각각 브레드 보드의 GND와 5V에 연결한다. 그리고 온습도 센서의 OUT은 우노 보드의 3번 핀과 연결한다.

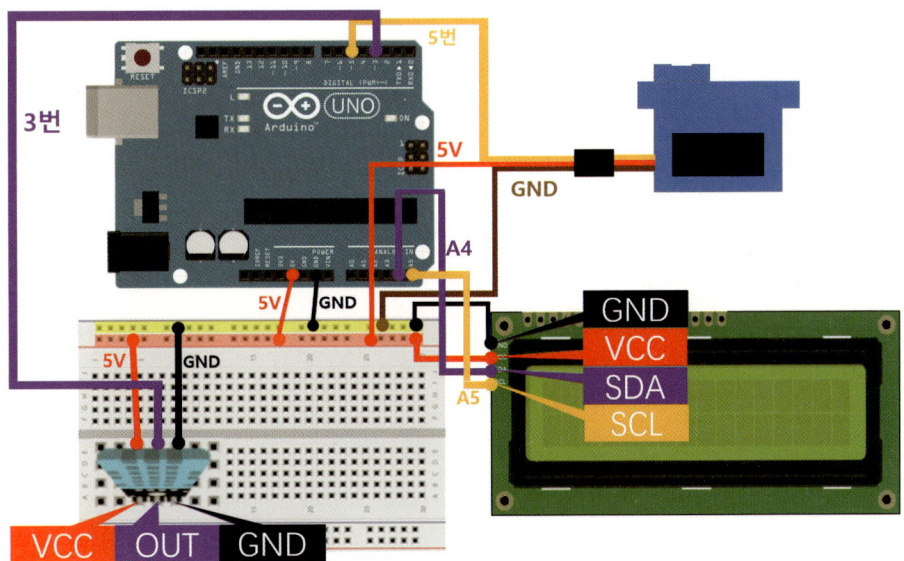

03 코딩 구성

1 Void Setup (라이브러리 호출)

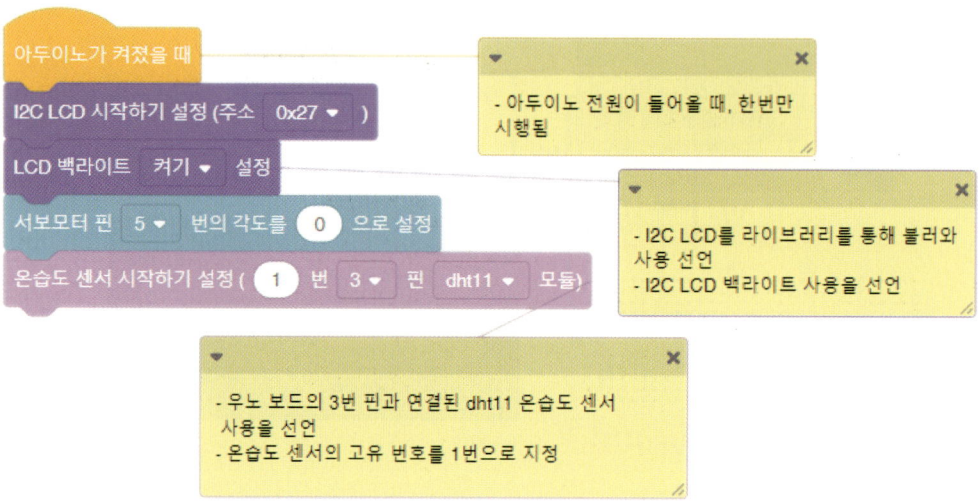

2 Void loop (무한 반복)

① 조건문을 이용하여 서보 모터 제어하기

② I2C LCD 제어하기

무한 반복하기
- LCD 0 열 0 행부터 온습도 센서 1 번 온도 ℃ ▼ 값 출력
- LCD 6 열 0 행부터 C 출력
- 1 초 기다리기
- LCD 화면 지우기

- I2C LCD에 고유 번호 1번의 온습도 센서의 온도값을 출력

- 화면의 잔상을 없애기 위해 1초 뒤 화면을 지움

3 전체 코드

아두이노가 켜졌을 때
- I2C LCD 시작하기 설정 (주소 0x27 ▼)
- LCD 백라이트 켜기 ▼ 설정
- 서보모터 핀 5 ▼ 번의 각도를 0 으로 설정
- 온습도 센서 시작하기 설정 (1 번 3 ▼ 핀 dht11 ▼ 모듈)
- 무한 반복하기
  - 만약 온습도 센서 1 번 온도 ℃ ▼ 값 > 25 (이)라면
    - 서보모터 핀 5 ▼ 번의 각도를 180 으로 설정
  - 아니면
    - 서보모터 핀 5 ▼ 번의 각도를 0 으로 설정
  - LCD 0 열 0 행부터 온습도 센서 1 번 온도 ℃ ▼ 값 출력
  - LCD 6 열 0 행부터 C 출력
  - 1 초 기다리기
  - LCD 화면 지우기

Lesson 13 | 에어컨 NO! 선풍기 YES!

추가 과제

- 모터 드라이버에 연결된 DC 모터가 자동차 바퀴처럼 작동할 수 있도록 코딩해 보세요.
- 택트 스위치 1개를 누르면 모터 드라이버에 연결된 DC 모터가 회전하도록 코딩해 보세요.
- 서로 다른 택트 스위치 4개에 따라 DC 모터의 회전 속도가 달라지도록 코딩해 보세요.

01 준비물

아두이노 우노 보드	브레드 보드	암-수 및 수수 점퍼 케이블(10cm)
택트 스위치 4개	모터 드라이버	DC 모터
아두이노 우노 데이터 케이블	OTG 젠더(5핀, C타입)	선풍기 날개

02 회로도 구성

1 **전원 공급** : 우노 보드의 5V와 GND를 브레드 보드에 연결한다.

2 **택트 스위치 연결하기** : 택트 스위치 4개를 브레드 보드의 적당한 위치에 꽂는다. 이후, 각 택트 스위치의 왼쪽은 GND, 오른쪽은 우노 보드와 연결한다.

이때, 3번 택트 스위치는 우노 보드의 3번 핀, 4번 택트 스위치는 4번 핀, 5번 택트 스위치는 5번 핀, 6번 택트 스위치는 6번 핀에 연결되게끔 주의한다.

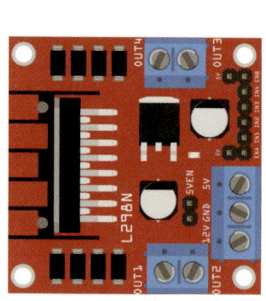

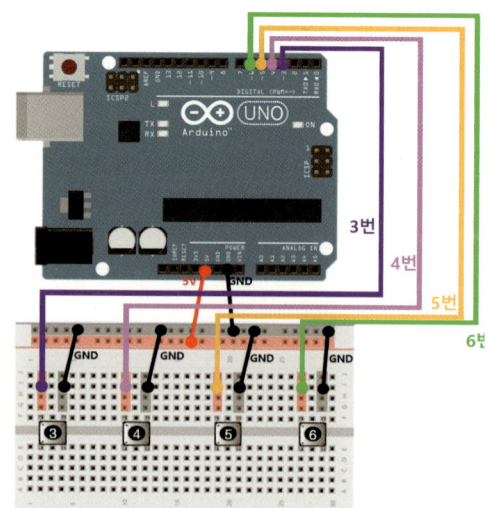

3 우노 보드와 모터 드라이버 연결하기 : 모터 드라이버의 IN2, IN1, ENA를 각각 우노 보드의 7번 핀, 8번 핀, 9번 핀과 연결한다.

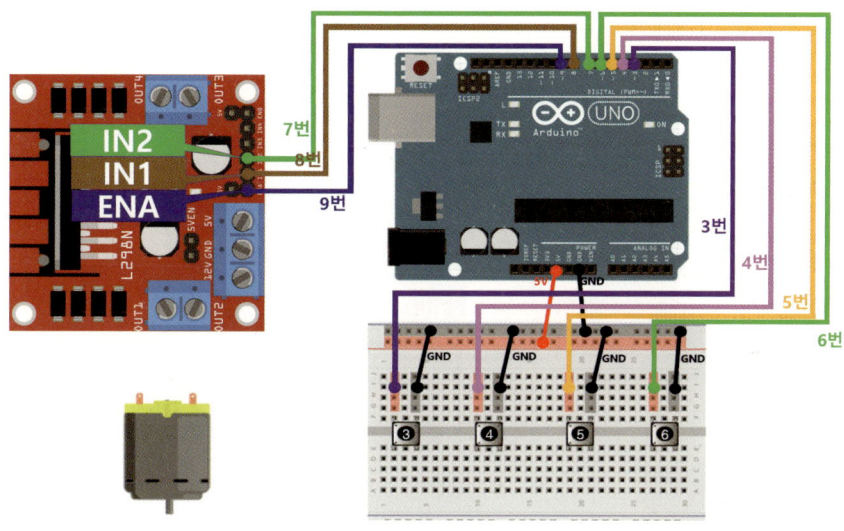

4 모터 드라이브와 브레드 보드 연결하기 : 모터 드라이브의 5V와 GND를 브레드 보드의 5V와 GND에 연결하여 전원을 공급한다.

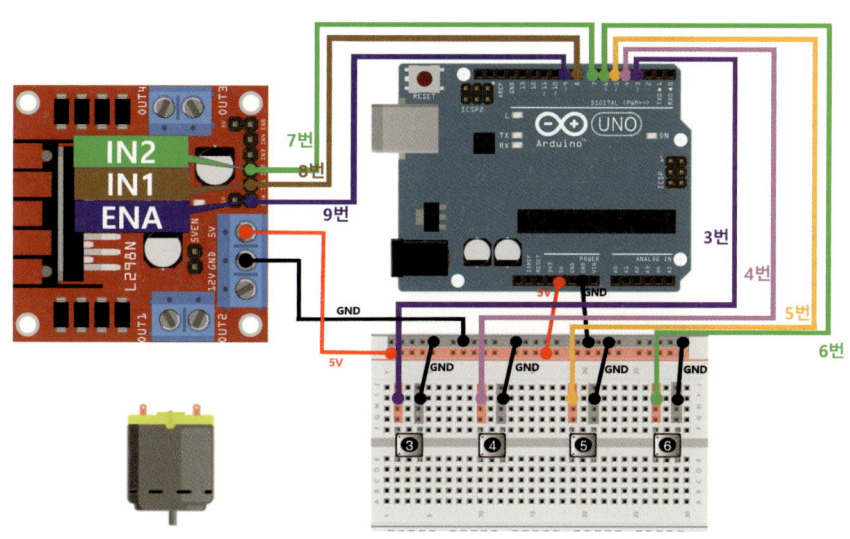

5 **모터 드라이버와 DC 모터 연결하기** : 모터 드라이버의 OUT1과 OUT2를 각각 DC 모터의 왼쪽과 오른쪽에 연결한다. 이때, 연결하는 순서를 서로 바꾸면 DC 모터가 반대 방향으로 회전하게 된다.

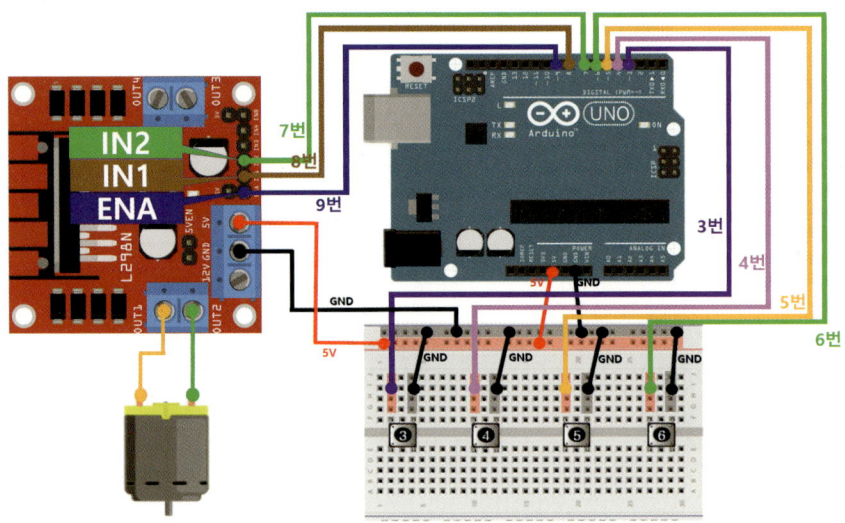

03 코딩 구성

1 Void Setup (라이브러리 호출)

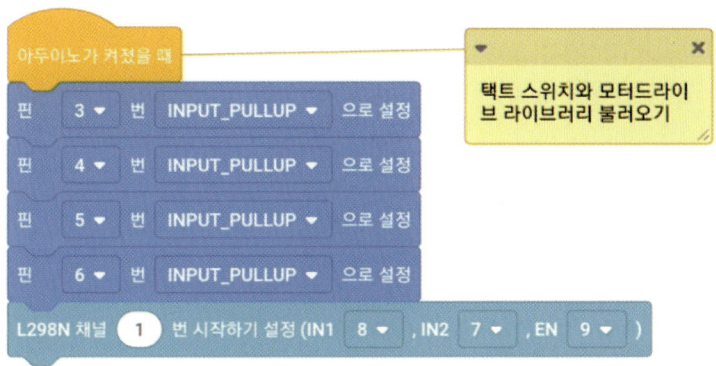

2 Void loop (무한 반복)

① 초음파 센서, 피에조 부저, LED 코딩하기

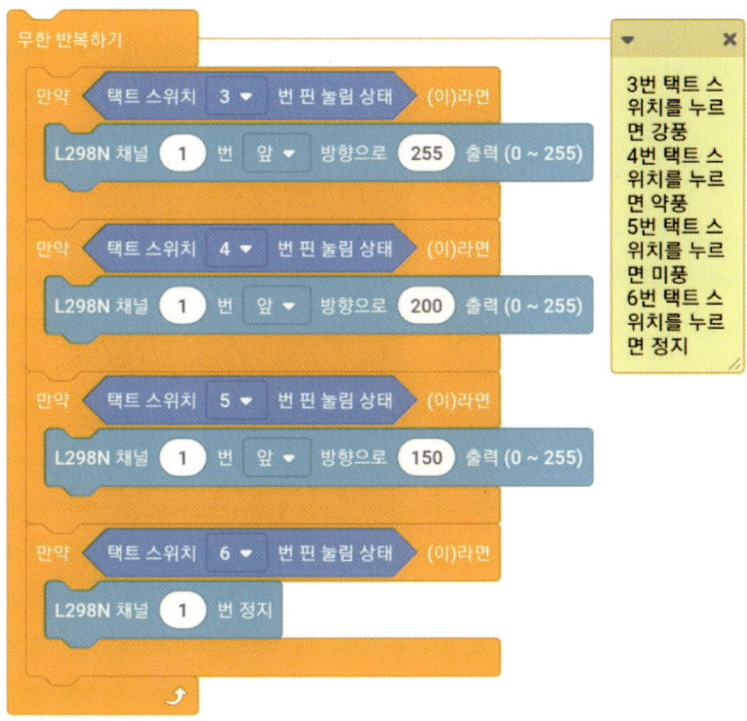

3 전체 코드

```
아두이노가 켜졌을 때
    핀 [3▼] 번 [INPUT_PULLUP▼] 으로 설정
    핀 [4▼] 번 [INPUT_PULLUP▼] 으로 설정
    핀 [5▼] 번 [INPUT_PULLUP▼] 으로 설정
    핀 [6▼] 번 [INPUT_PULLUP▼] 으로 설정
    L298N 채널 (1) 번 시작하기 설정 (IN1 [8▼], IN2 [7▼], EN [9▼])
    무한 반복하기
        만약 〈택트 스위치 [3▼] 번 핀 눌림 상태〉 (이)라면
            L298N 채널 (1) 번 [앞▼] 방향으로 (255) 출력 (0 ~ 255)
        만약 〈택트 스위치 [4▼] 번 핀 눌림 상태〉 (이)라면
            L298N 채널 (1) 번 [앞▼] 방향으로 (200) 출력 (0 ~ 255)
        만약 〈택트 스위치 [5▼] 번 핀 눌림 상태〉 (이)라면
            L298N 채널 (1) 번 [앞▼] 방향으로 (150) 출력 (0 ~ 255)
        만약 〈택트 스위치 [6▼] 번 핀 눌림 상태〉 (이)라면
            L298N 채널 (1) 번 정지
```

Memo

Lesson 14 미세 먼지 경보기

추가 과제

- 미세 먼지 센서의 값을 LCD에 표현될 수 있도록 코딩해 보세요.
- 미세 먼지 센서의 값에 따라 도트 매트릭스가 다르게 표현되도록 코딩해 보세요.
- 온습도 센서의 온도값에 따라 도트 매트릭스가 다르게 표현되도록 코딩해 보세요.

01 준비물

아두이노 우노 보드	미니 브레드 보드	12C LCD
온습도 센서	미세 먼지 센서	도트 매트릭스
암-수 및 수수 점퍼 케이블(10cm)	아두이노 우노 데이터 케이블	OTG 젠더(5핀, C타입)

02 회로도 구성

1 전원 공급 : 우노 보드의 5V와 GND를 브레드 보드에 연결한다.

2 도트 매트릭스 연결하기 : 도트 매트릭스의 VCC와 GND를 브레드 보드의 5V와 GND에 연결한다. 이후, 도트 매트릭스의 DIN, CS, CLK는 각각 우노 보드의 12번 핀, 11번 핀, 10번 핀과 연결한다.

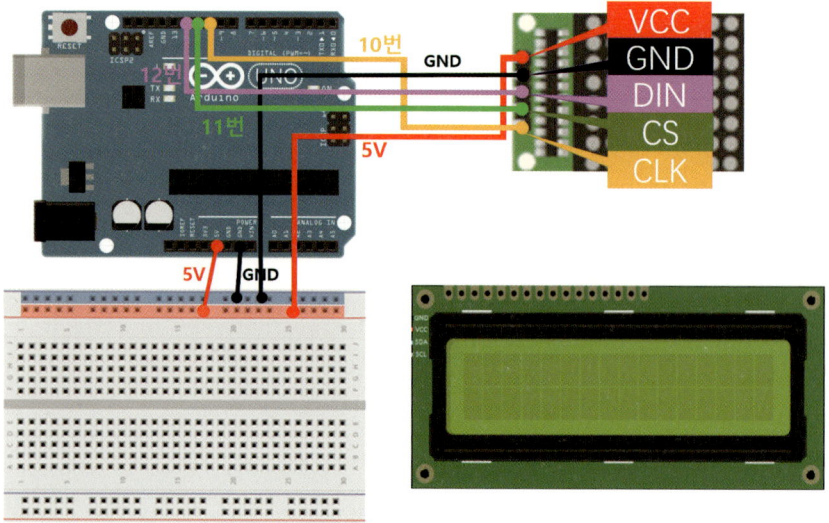

3 **I2C LCD 연결하기** : LCD의 VCC와 GND를 브레드 보드의 5V와 GND에 연결한다. 이후, LCD의 SDA와 SCL을 각각 우노 보드의 A4 핀, A5 핀에 연결한다.

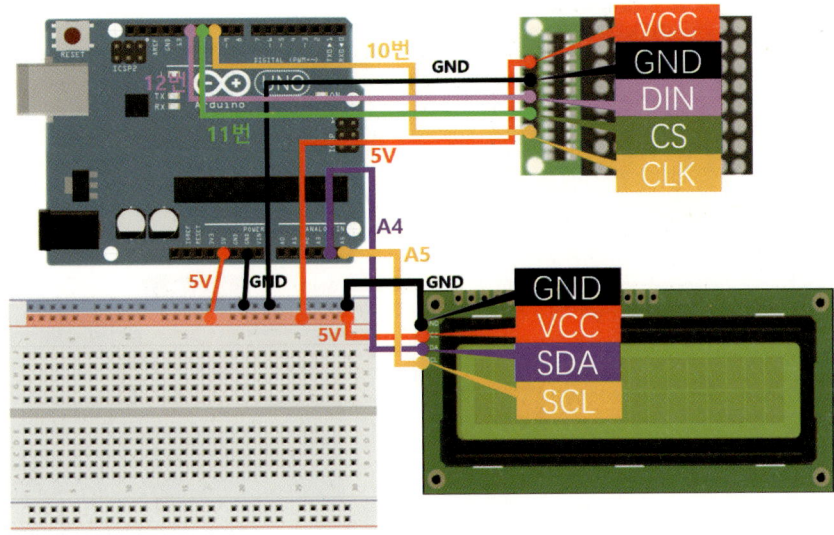

4 **미세 먼지 센서 연결하기** : 미세 먼지 센서의 VCC와 GND를 브레드 보드의 5V와 GND에 연결한다. 이후, 미세 먼지 센서의 LED와 OUT은 각각 우노 보드의 6번 핀, A0 핀과 연결한다.

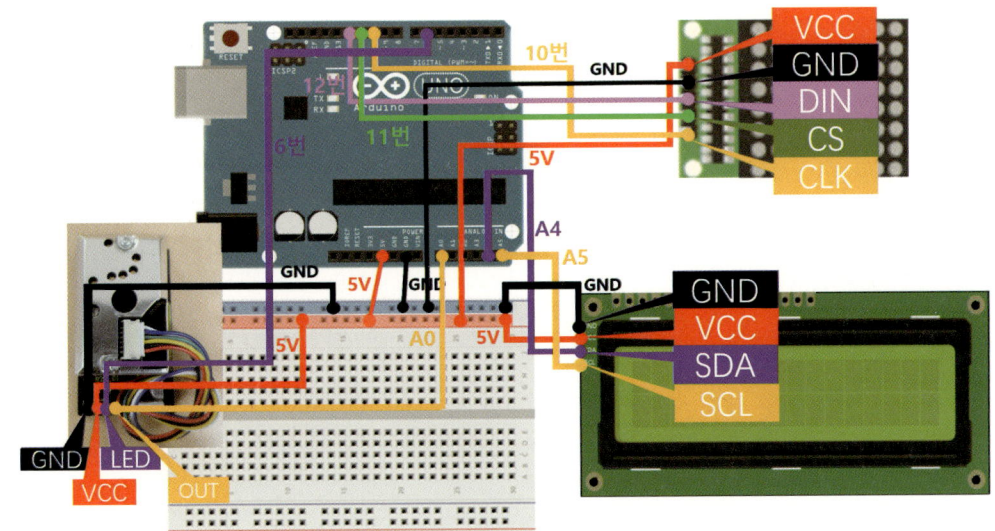

5 **온습도 센서 연결하기** : 온습도 센서의 VCC와 GND를 브레드 보드의 5V와 GND에 연결한다. 이후, 온습도 센서의 OUT은 우노 보드의 4번 핀과 연결한다.

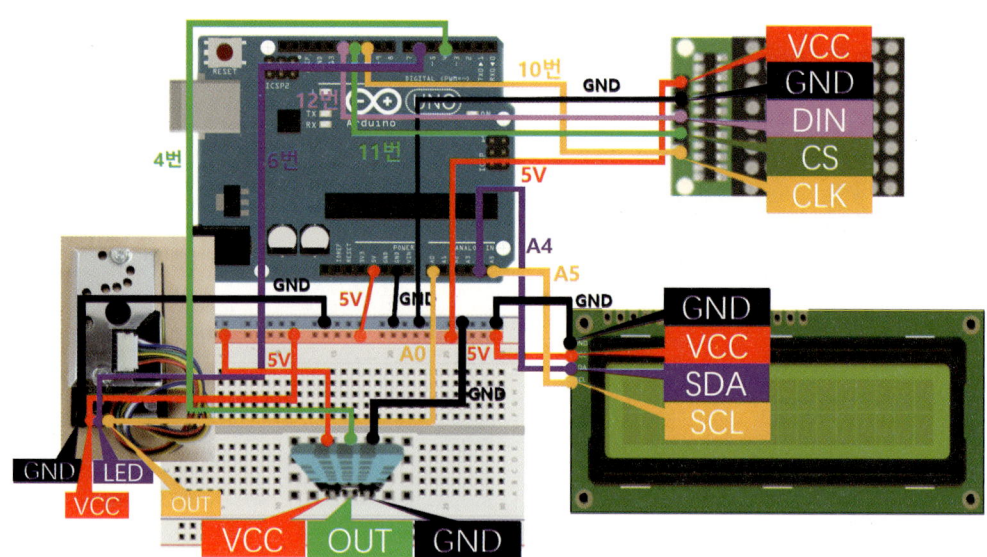

03 코딩 구성

1 Void Setup (라이브러리 호출)

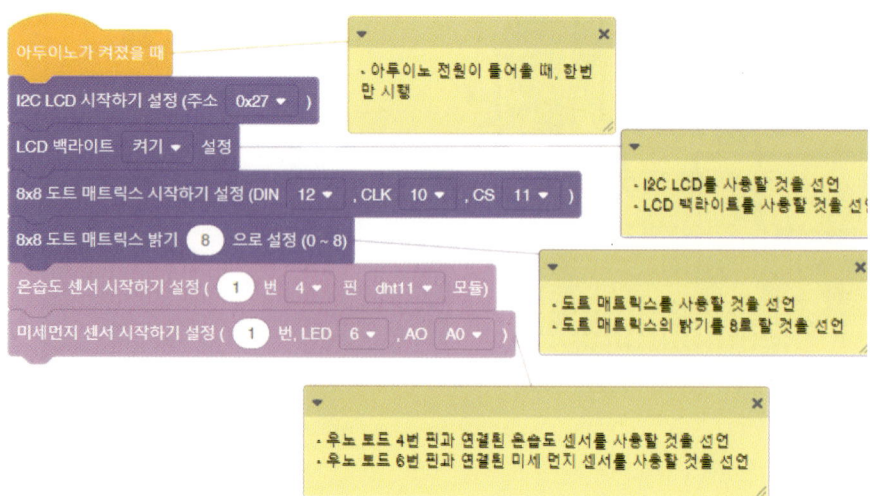

130   K-STEAM 코딩 따라잡기

2 Void loop (무한 반복)

① I2C LCD 제어하기

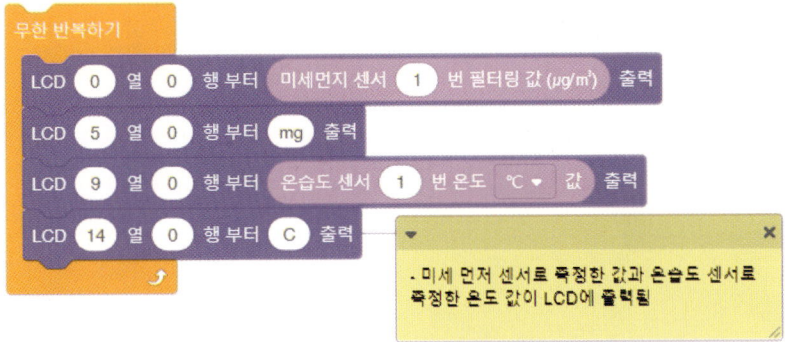

② 조건문으로 도트 매트릭스와 I2C LCD 제어하기

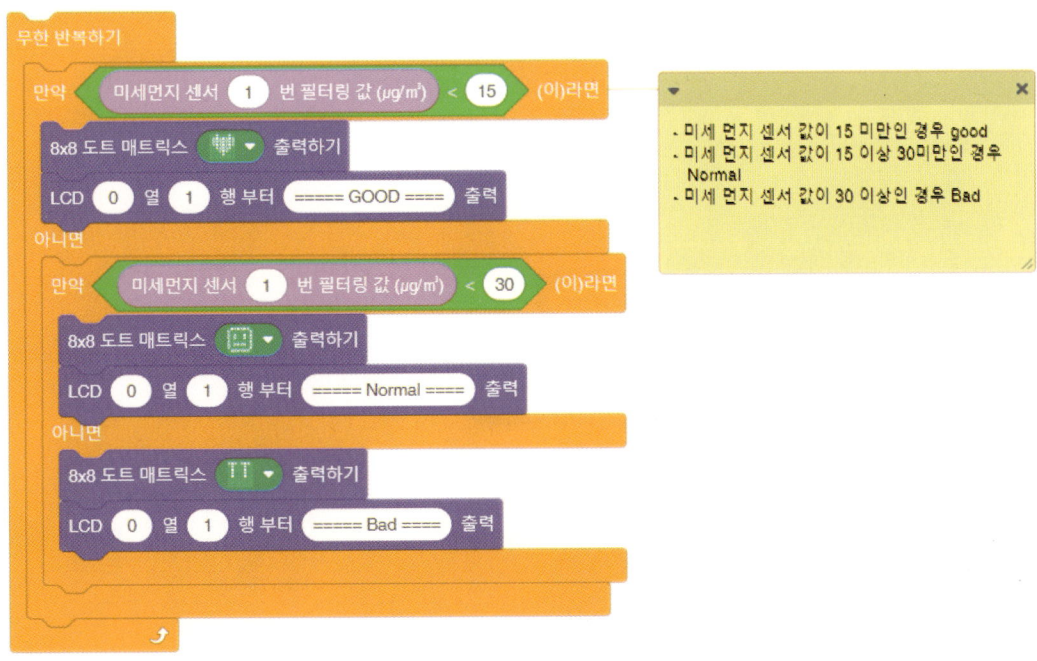

3 전체 코드

```
아두이노가 켜졌을 때
  I2C LCD 시작하기 설정 (주소 0x27)
  LCD 백라이트 켜기 설정
  8x8 도트 매트릭스 시작하기 설정 (DIN 12, CLK 10, CS 11)
  8x8 도트 매트릭스 밝기 8 으로 설정 (0 ~ 8)
  온습도 센서 시작하기 설정 ( 1 번 4 핀 dht11 모듈)
  미세먼지 센서 시작하기 설정 ( 1 번, LED 6, AO A0 )
  무한 반복하기
    LCD 0 열 0 행 부터 미세먼지 센서 1 번 필터링 값 (µg/m³) 출력
    LCD 5 열 0 행 부터 mg 출력
    LCD 9 열 0 행 부터 온습도 센서 1 번 온도 ℃ 값 출력
    LCD 14 열 0 행 부터 C 출력
    만약 미세먼지 센서 1 번 필터링 값 (µg/m³) < 15 (이)라면
      8x8 도트 매트릭스 ♥ 출력하기
      LCD 0 열 1 행 부터 ===== GOOD ===== 출력
    아니면
      만약 미세먼지 센서 1 번 필터링 값 (µg/m³) < 30 (이)라면
        8x8 도트 매트릭스 ☺ 출력하기
        LCD 0 열 1 행 부터 ===== Normal ===== 출력
      아니면
        8x8 도트 매트릭스 TT 출력하기
        LCD 0 열 1 행 부터 ===== Bad ===== 출력
    1 초 기다리기
    LCD 화면 지우기
```

Memo

Lesson 15 에너지 절약 경보기

추가 과제

- 온도값이 25℃ 이상이면 초록색 LED가 켜지고, 22℃ 이하면 빨간색 LED가 켜지도록 코딩해 보세요.
- 온도값이 25℃ 이상이면 도트 매트릭스에 웃는 표정, 22℃ 이하면 슬픈 표정이 나타나도록 코딩해 보세요.

01 준비물

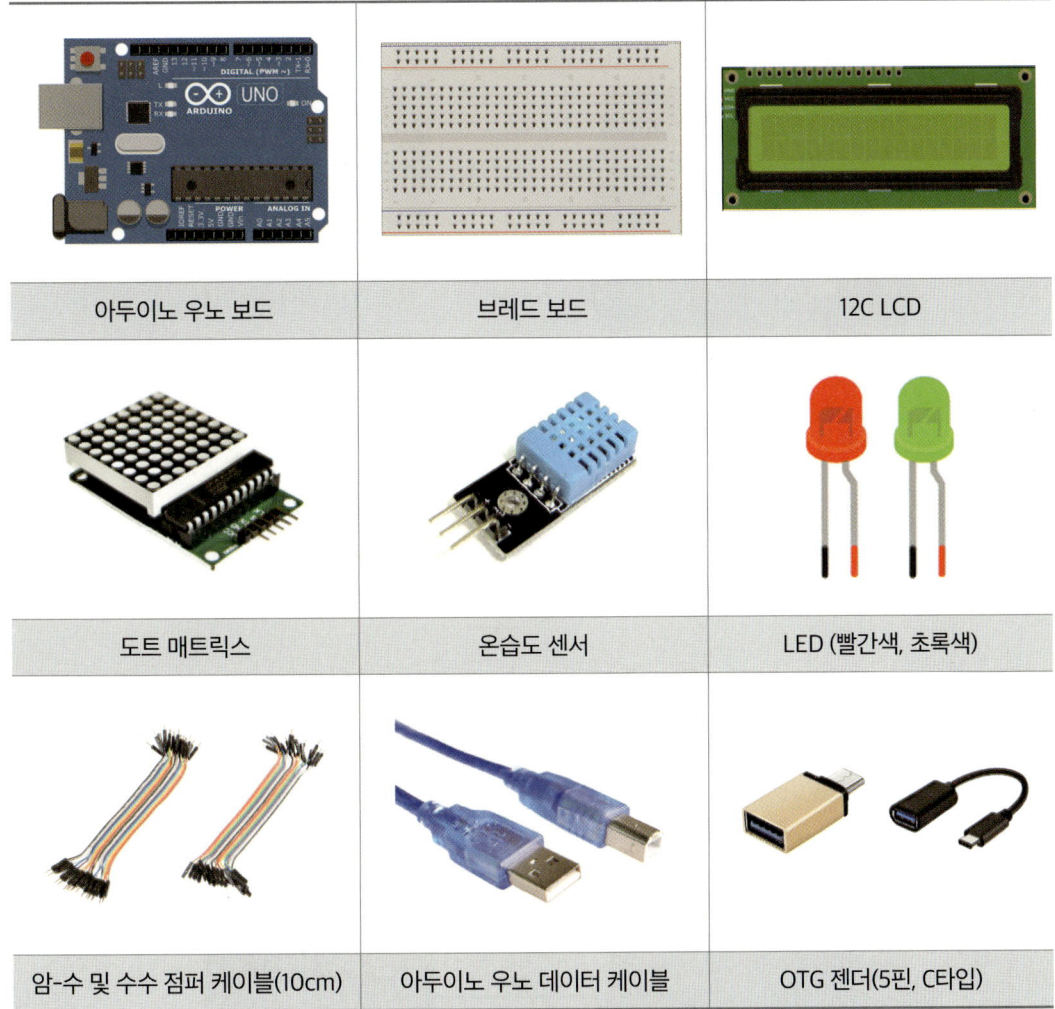

아두이노 우노 보드	브레드 보드	12C LCD
도트 매트릭스	온습도 센서	LED (빨간색, 초록색)
암-수 및 수수 점퍼 케이블(10cm)	아두이노 우노 데이터 케이블	OTG 젠더(5핀, C타입)

02 회로도 구성

1 전원 공급 : 우노 보드의 5V와 GND를 브레드 보드에 연결한다.

2 도트 매트릭스 연결하기 : 도트 매트릭스의 VCC와 GND를 브레드 보드의 5V와 GND에 연결한다. 도트 매트릭스의 DIN, CS, CLK는 각각 우노 보드의 12번 핀, 11번 핀, 10번 핀과 연결한다.

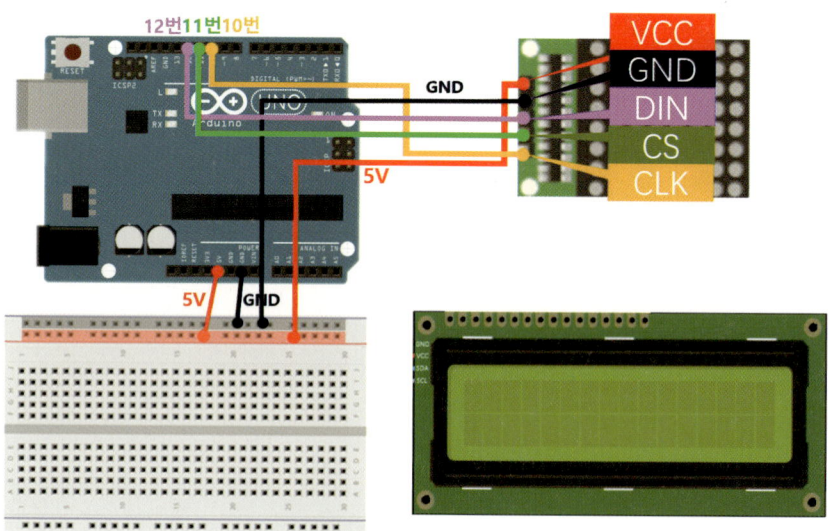

3 **I2C LCD 연결하기** : LCD의 VCC와 GND를 브레드 보드의 5V와 GND에 연결한다. LCD의 SDA와 SCL은 각각 우노 보드의 A4 핀, A5 핀에 연결한다.

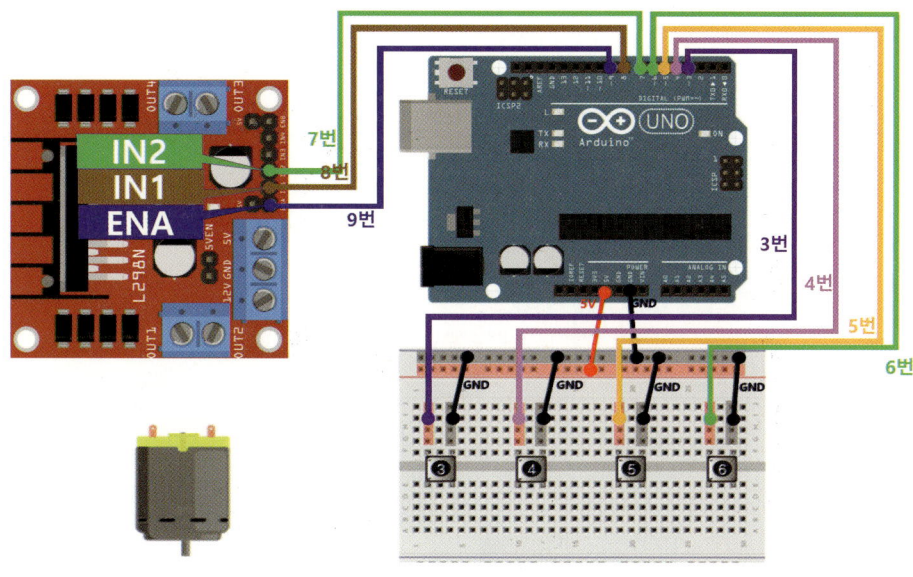

4 **온습도 센서 연결하기** : 온습도 센서의 VCC와 GND를 브레드 보드의 5V와 GND에 연결한다. 온습도 센서의 OUT은 우노 보드의 4번 핀과 연결한다.

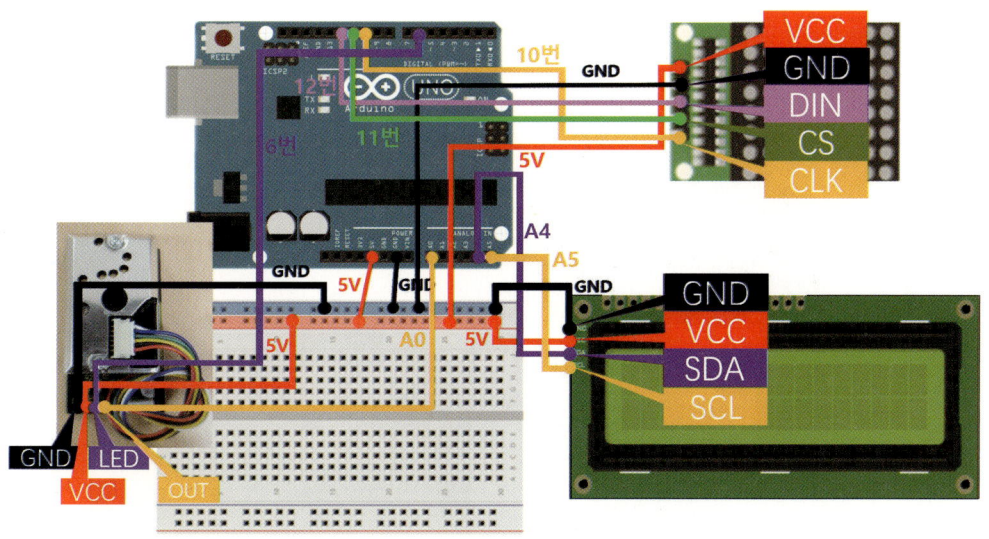

5 **초록색 LED 연결하기** : 초록색 LED를 온습도 센서의 왼쪽에 부착한다. 이후, LED의 다리 중 직선으로 뻗은 부분을 브레드 보드의 GND와 연결하고, 꺾인 부분은 우노 보드의 5번 핀과 연결한다.

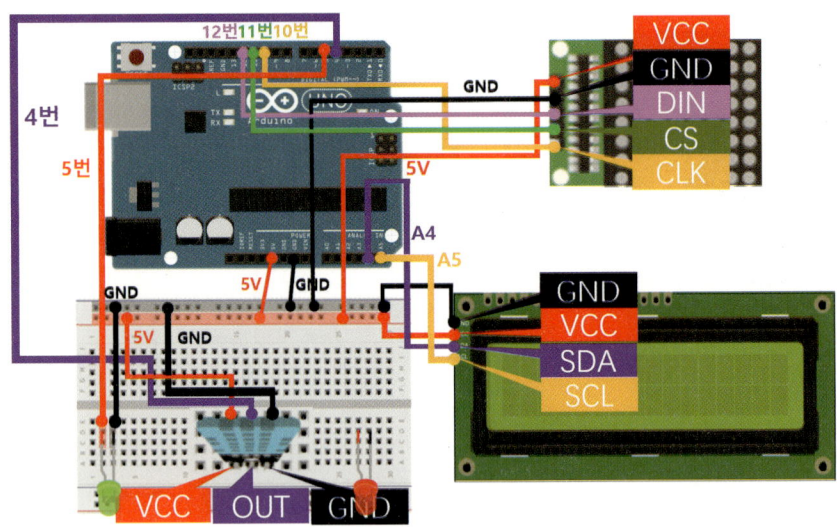

6 **빨간색 LED 연결하기** : 빨간색 LED를 온습도 센서 오른쪽에 부착한다. 이후, LED의 다리 중 직선으로 뻗은 부분을 브레드 보드의 GND와 연결하고, 꺾인 부분은 우노 보드의 6번 핀과 연결한다. (회로도 완성)

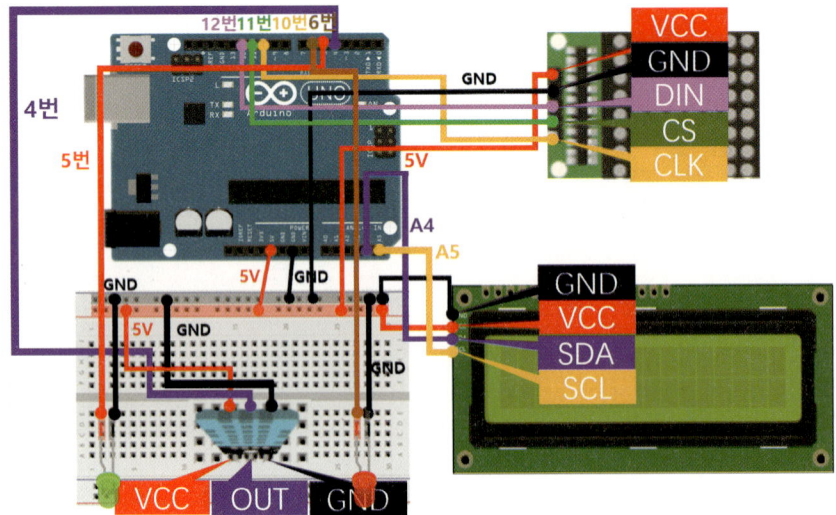

03 코딩 구성

1 Void Setup (라이브러리 호출)

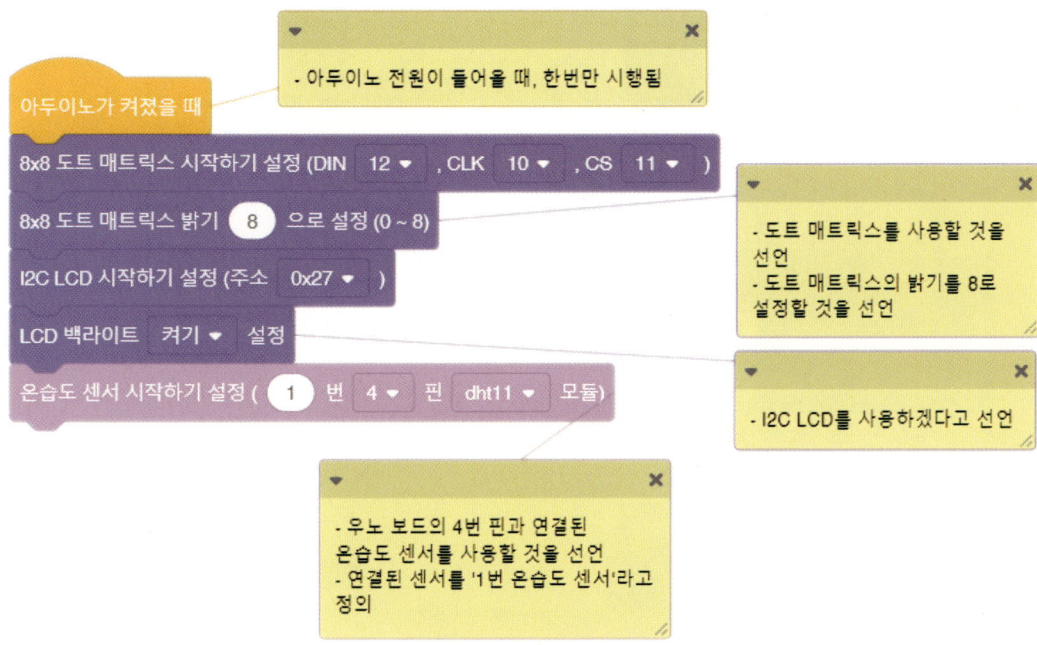

2 Void loop (무한 반복)

① I2C LCD 제어하기

② 조건문을 이용하여 도트 매트릭스와 LED 제어하기

3 코딩 완성

아두이노가 켜졌을 때
- 8x8 도트 매트릭스 시작하기 설정 (DIN 12 ▼, CLK 10 ▼, CS 11 ▼)
- 8x8 도트 매트릭스 밝기 8 으로 설정 (0 ~ 8)
- I2C LCD 시작하기 설정 (주소 0x27 ▼)
- LCD 백라이트 켜기 ▼ 설정
- 온습도 센서 시작하기 설정 (1 번 4 ▼ 핀 dht11 ▼ 모듈)

무한 반복하기
- LCD 0 열 0 행 부터 온습도 센서 1 번 온도 ℃ ▼ 값 출력
- LCD 5 열 0 행 부터 C 출력
- LCD 7 열 0 행 부터 온습도 센서 1 번 습도 (%) 값 출력
- LCD 12 열 0 행 부터 H 출력

- **만약** 온습도 센서 1 번 온도 ℃ ▼ 값 > 25 (이)라면
  - 8x8 도트 매트릭스 😊 ▼ 출력하기
  - PWM 핀 5 ▼ 번에 출력 100 으로 설정
  - PWM 핀 6 ▼ 번에 출력 0 으로 설정
- **아니면**
  - **만약** 온습도 센서 1 번 온도 ℃ ▼ 값 > 22 (이)라면
    - 8x8 도트 매트릭스 😐 ▼ 출력하기
    - PWM 핀 5 ▼ 번에 출력 100 으로 설정
    - PWM 핀 6 ▼ 번에 출력 100 으로 설정
  - **아니면**
    - 8x8 도트 매트릭스 ☹ ▼ 출력하기
    - PWM 핀 5 ▼ 번에 출력 0 으로 설정
    - PWM 핀 6 ▼ 번에 출력 100 으로 설정

- 1 초 기다리기
- LCD 화면 지우기

04 외관 구성

❶ 밑판을 사진처럼 배치한다.

❷ 뒷판을 사진처럼 배치한다.

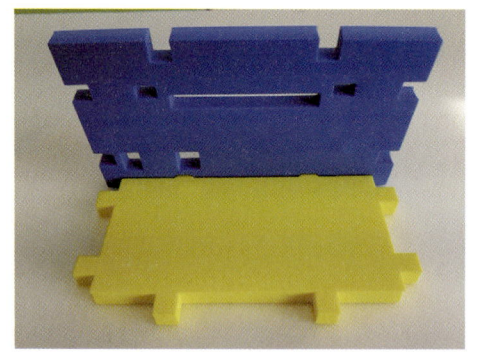

❸ 밑판과 뒷판을 그림처럼 조립한다.

❹ 우노 보드를 뒷판 구멍에 맞춰 넣는다. 미니 브레드 보드 밑면에 양면 테이프를 이용해 사진처럼 붙인다.

❺ 옆판을 사진처럼 준비한다.

❻ 옆판을 조립한다.

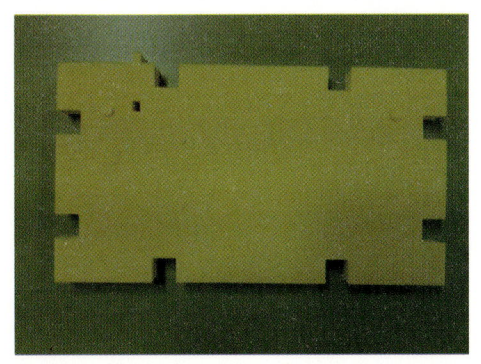

❼ 앞판을 준비한다. 홈이 파진 부분을 위쪽으로 한다.

❽ 옆판을 조립한다.

❾ 도트 매트릭스를 앞판 홈에 끼워 넣는다.

❿ 도트 매트릭스의 구멍 2개를 동봉된 드라이버를 이용하여 뚫는다.

⓫ 볼트+너트를 이용하여 사진처럼 부착한다.

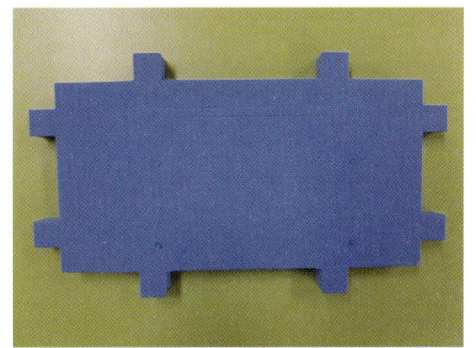

⓬ 위판을 준비한다.

❸ 왼쪽 밑에 홈을 제거한다.

❹ 양쪽 밑에 원 부분을 제거한다.

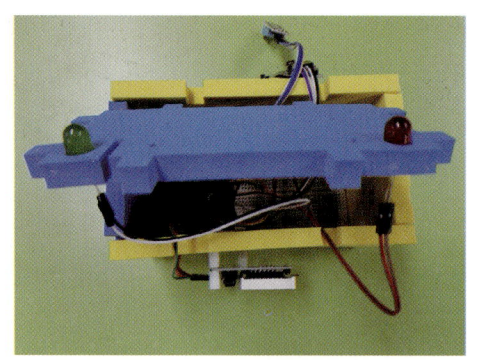

❺ 왼쪽에 초록색 LED, 오른쪽에 빨간색 LED를 구멍에 맞춰 끼운다.

❻ 측면 홈 부분을 제거한 후 온습도 센서를 끼운다.

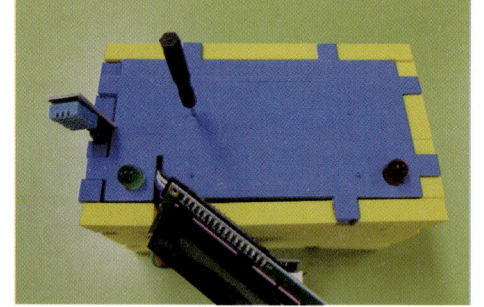

❼ 위판 홈이 제거된 부분에 LCD 점퍼 케이블을 끼운다.

❽ LCD를 부착할 구멍 4개를 드라이버를 이용하여 뚫는다.

⑲ 볼트+너트를 이용하여 사진처럼 부착한다

⑳ 에너지 절약 경보기 완성!!!

05 완성작

에너지를 낭비하였을 경우(여름철에는 실내 온도를 낮추고, 겨울철에는 실내 온도를 높이는 경우)에는 도트 매트릭스에 우는 표정 표현

에너지 절약 또는 낭비 상태가 아닌 경우에는 도트 매트릭스에 무표정의 얼굴 표현

에너지를 절약했을 경우(여름철에는 실내 온도를 높이고, 겨울철에는 실내 온도늘 낮추는 경우)에는 도트 매트릭스에 웃는 표정 표현

Lesson 16
스마트 팜 (교실 정화 식물 키우기)

추가 과제

- 토양 수분 센서의 값을 LCD에 표현되게끔 코딩해 보세요.
- 조도 센서를 활용하여 주변이 밝으면 초록색 LED가 켜지도록, 어두우면 빨간색 LED가 켜지도록 코딩해 보세요.
- 토양 수분 센서의 값이 500을 넘으면 도트 매트릭스에 우는 표정, 넘지 않으면 하트 모양이 나타나도록 코딩해 보세요.

01 준비물

아두이노 우노 보드	미니 브레드 보드	12C LCD
도트 매트릭스	온습도 센서	조도 센서
암-수 및 수수 점퍼 케이블(10cm)	아두이노 우노 데이터 케이블	OTG 젠더(5핀, C타입)
토양 수분 센서	LED 1개	

02 회로도 구성

1 전원 공급 : 우노 보드의 5V와 GND를 브레드 보드에 연결한다.

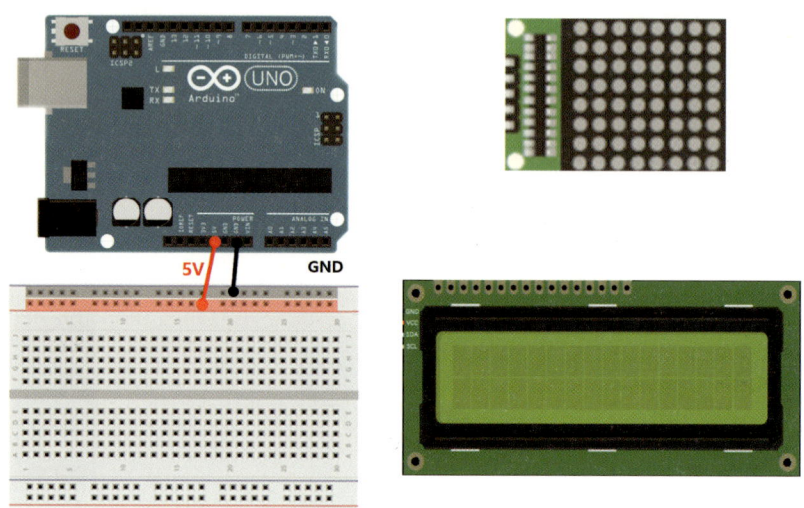

2 도트 매트릭스 연결하기 : 도트 매트릭스의 VCC와 GND를 브레드 보드의 5V와 GND에 연결한다. 도트 매트릭스의 DIN, CS, CLK는 각각 우노 보드의 12번 핀, 11번 핀, 10번 핀에 연결한다.

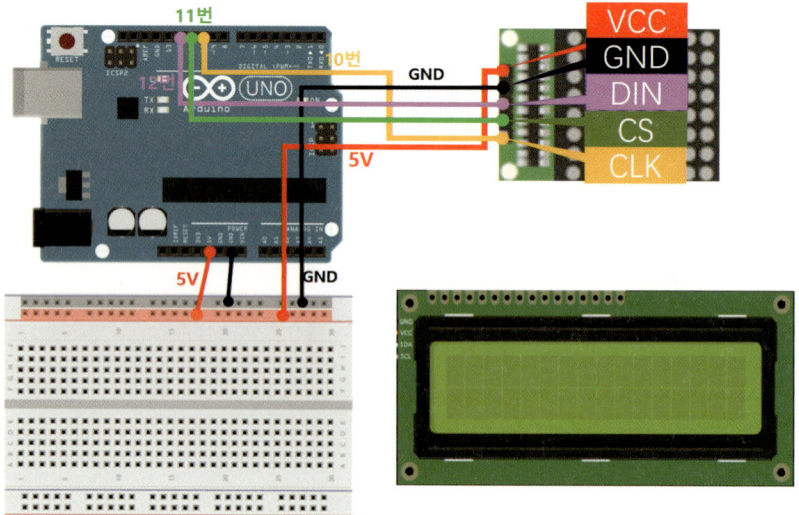

3 I2C LCD 연결하기 : LCD의 VCC와 GND를 브레드 보드의 5V와 GND에 연결한다. LCD의 SDA와 SCL은 각각 우노 보드의 A4 핀, A5 핀에 연결한다.

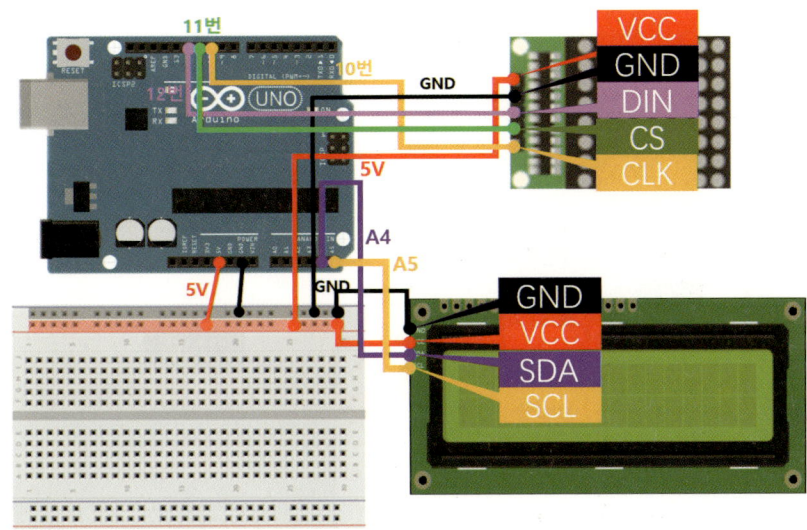

4 토양 수분 센서 연결하기 : 토양 수분 센서를 브레드 보드 왼쪽 사이드에 부착한다. 이후, 토양 수분 센서의 VCC, GND를 브레드 보드의 5V, GND와 연결한다. 토양 수분 센서의 A0는 우노 보드의 A0 핀과 연결한다.

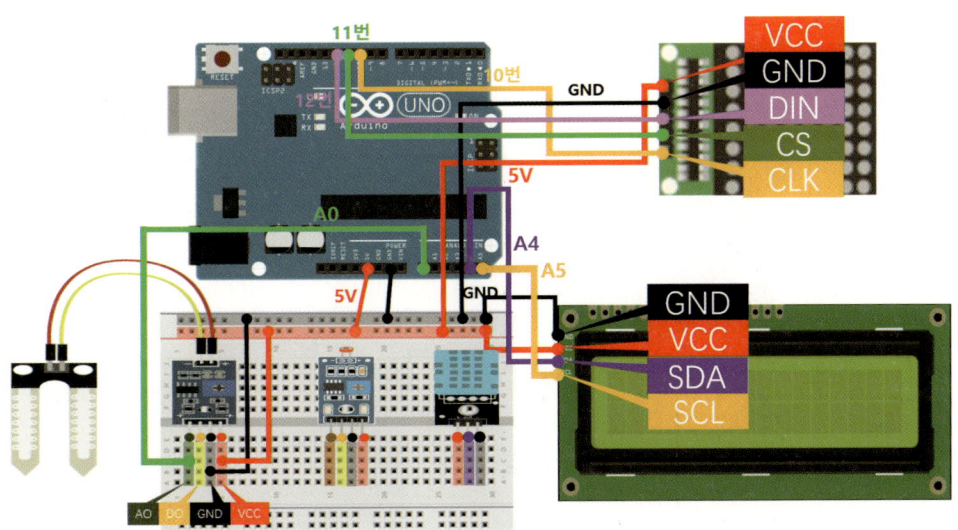

5 **조도 센서 연결하기** : 조도 센서를 브레드 보드 가운데에 부착한다. 이후, 조도 센서의 VCC와 GND를 브레드 보드의 5V와 GND에 연결한다. 조도 센서의 A0는 우노 보드의 A1과 연결한다.

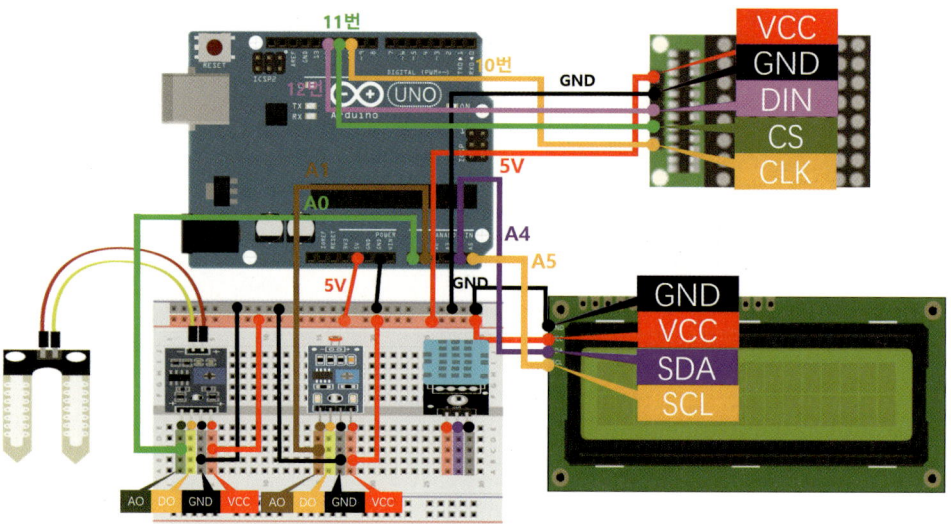

6 **온습도 센서 연결하기** : 온습도 센서를 브레드 보드의 오른쪽 사이드에 부착한다. 이후, 온습도 센서의 VCC와 GND를 브레드 보드의 5V와 GND에 연결한다. 온습도 센서의 OUT은 우노 보드의 2번 핀과 연결한다. (회로도 완성)

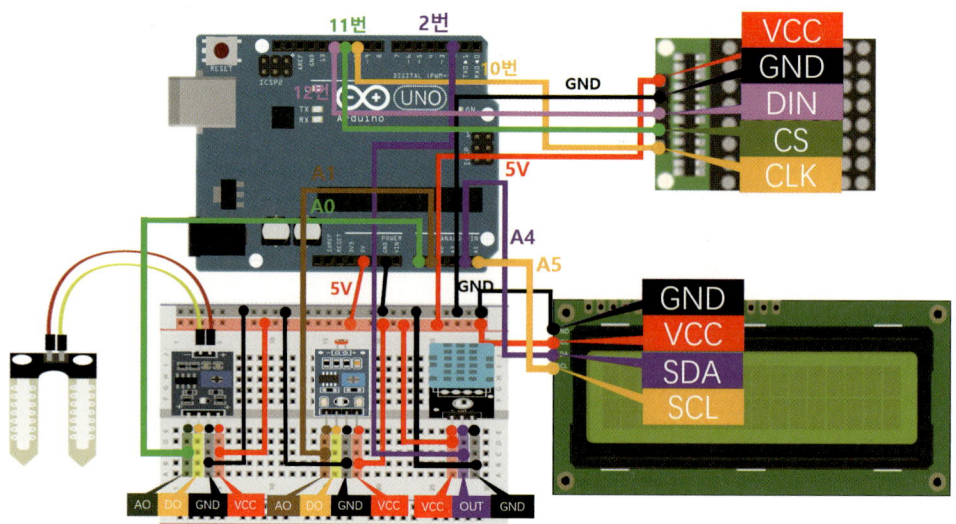

7 **초록색 LED 연결하기** : 초록색 LED를 브레드 보드에 부착한다. 이후, LED의 다리 중 직선으로 뻗은 부분은 GND와 연결하고, 꺾인 부분은 우노 보드의 6번 핀과 연결한다. 이때, 6번 과정에서 연결한 온습도 센서의 회로도를 제거하지 않는다. (회로도 완성)

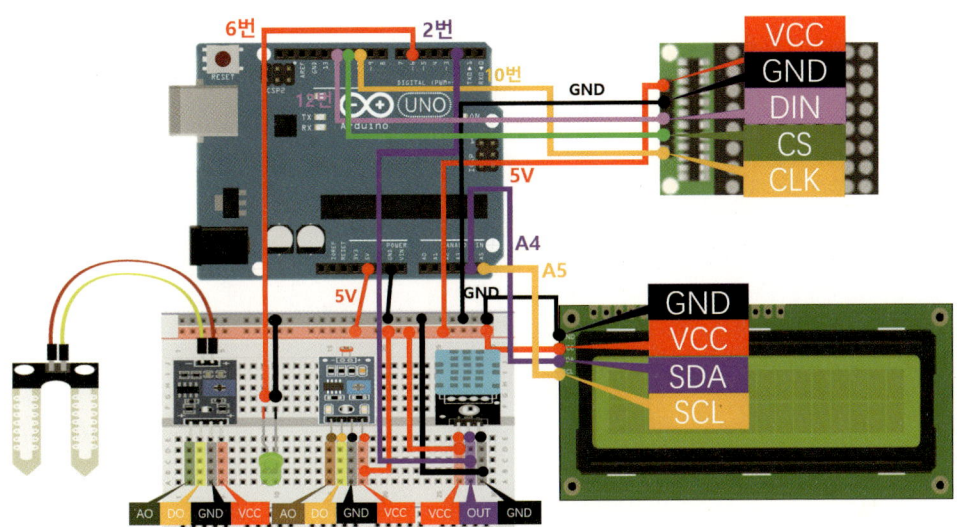

03 코딩 구성

1 Void Setup (라이브러리 호출)

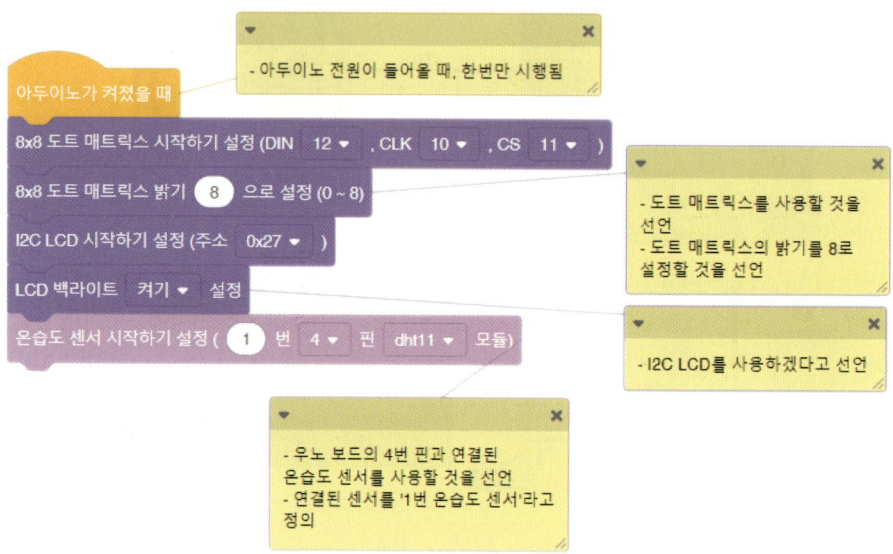

2 Void loop (무한 반복)

① I2C LCD 제어하기

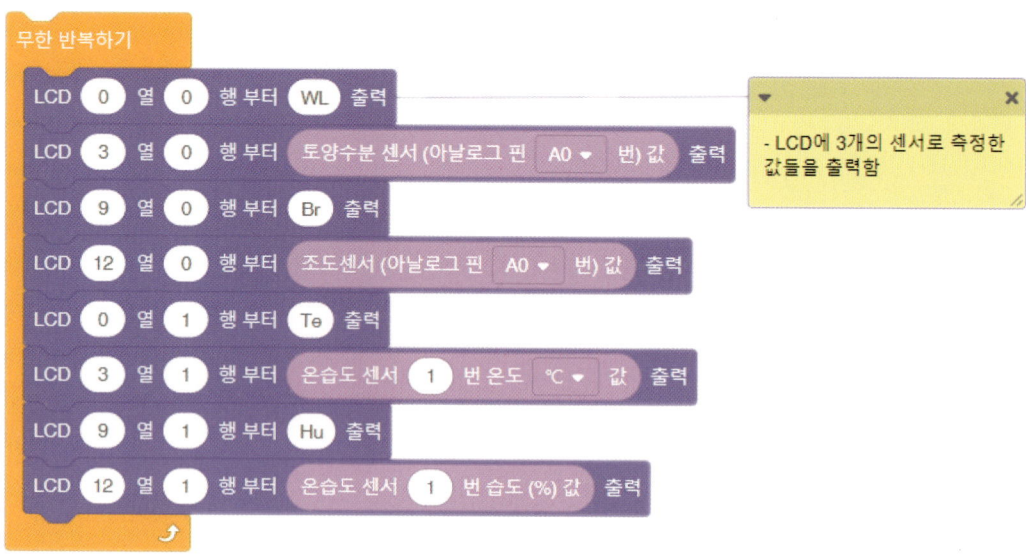

② 조건문으로 도트 매트릭스와 LED 제어하기

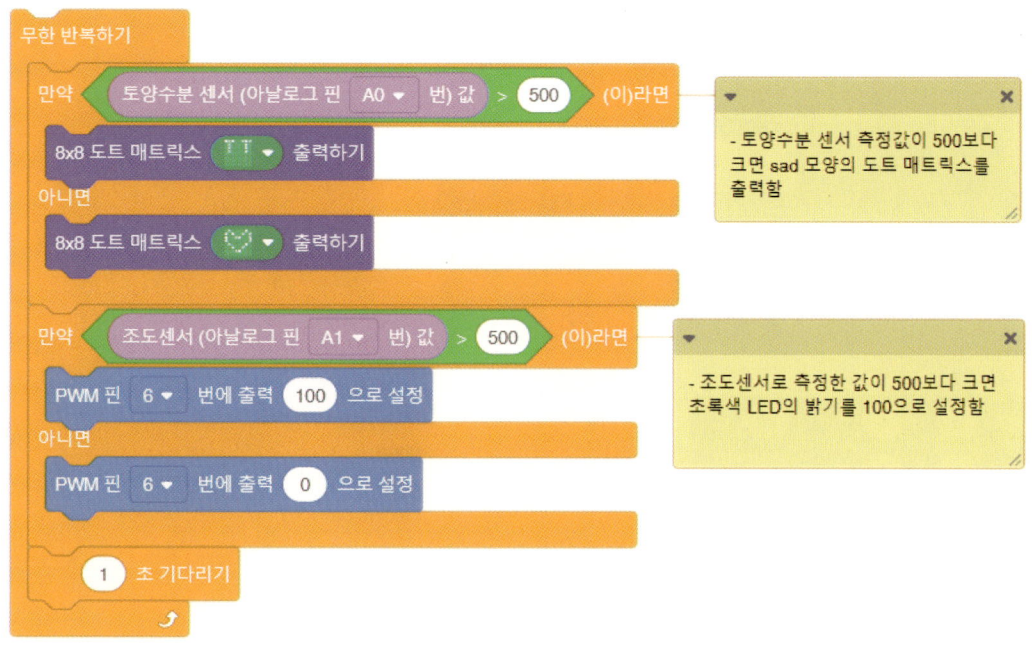

3 코딩 완성

아두이노가 켜졌을 때

I2C LCD 시작하기 설정 (주소 0x27 ▼)

LCD 백라이트 켜기 ▼ 설정

8x8 도트 매트릭스 시작하기 설정 (DIN 12 ▼ , CLK 10 ▼ , CS 11 ▼)

8x8 도트 매트릭스 밝기 8 으로 설정 (0 ~ 8)

온습도 센서 시작하기 설정 (1 번 2 ▼ 핀 dht11 ▼ 모듈)

무한 반복하기
  LCD 0 열 0 행 부터 WL 출력
  LCD 3 열 0 행 부터 토양수분 센서 (아날로그 핀 A0 ▼ 번) 값 출력
  LCD 9 열 0 행 부터 Br 출력
  LCD 12 열 0 행 부터 조도센서 (아날로그 핀 A0 ▼ 번) 값 출력
  LCD 0 열 1 행 부터 Te 출력
  LCD 3 열 1 행 부터 온습도 센서 1 번 온도 ℃ ▼ 값 출력
  LCD 9 열 1 행 부터 Hu 출력
  LCD 12 열 1 행 부터 온습도 센서 1 번 습도 (%) 값 출력
  만약 토양수분 센서 (아날로그 핀 A0 ▼ 번) 값 > 500 (이)라면
    8x8 도트 매트릭스 TT ▼ 출력하기
  아니면
    8x8 도트 매트릭스 ♥ ▼ 출력하기
  만약 조도센서 (아날로그 핀 A1 ▼ 번) 값 > 500 (이)라면
    PWM 핀 6 ▼ 번에 출력 100 으로 설정
  아니면
    PWM 핀 6 ▼ 번에 출력 0 으로 설정
  1 초 기다리기
  LCD 화면 지우기

04 코딩 구성

❶ 밑판을 사진처럼 배치한다.

❷ 뒷판을 사진처럼 배치한다.

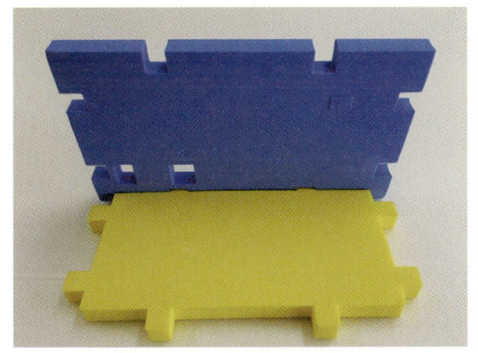

❸ 밑판과 뒷판을 그림처럼 조립한다.

❹ 우노 보드를 뒷판 구멍에 맞춰 넣는다. 사진처럼 붙인다

❺ 브레드 보드의 양면 테이프를 떼어낸다.

❻ 사진과 같이 붙인다.

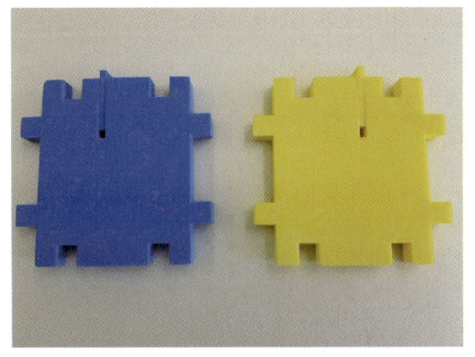
❼ 옆판을 준비한다. 홈이 파진 부분을 위쪽으로 한다.

❽ 옆판을 조립한다.

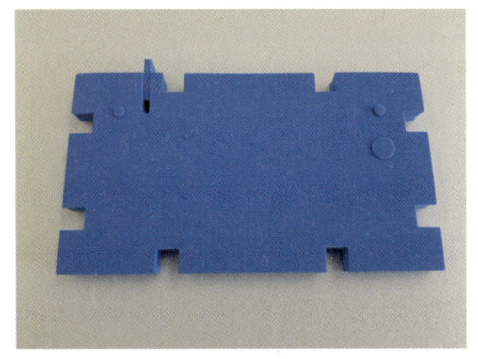
❾ 앞판을 준비한다. 홈이 파진 부분을 위쪽으로 한다.

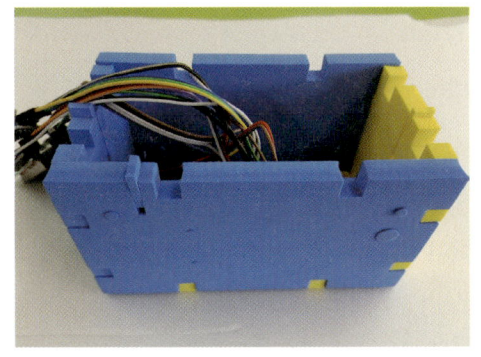
❿ 앞판을 사진처럼 부착한다.

⓫ 도트 매트릭스 점퍼 케이블을 사진처럼 넣는다.

⓬ 도트 매트릭스의 구멍 2개를 동봉된 서포트로 넣는다.

⓭ 도트 매트릭스를 서포트 구멍에 맞춘다.

⓮ 서포트 2개를 이용하여 사진처럼 도트 매트릭스를 부착한다.

⓯ 오른쪽 옆판 홈 부분을 제거한 후 온습도 센서를 끼운다.

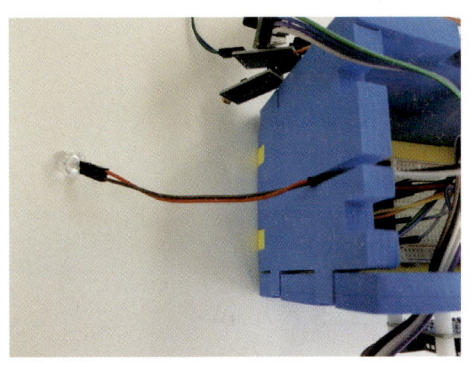

⓰ 왼쪽 옆판 홈 부분을 제거한 후 LED 케이블을 빼낸다.

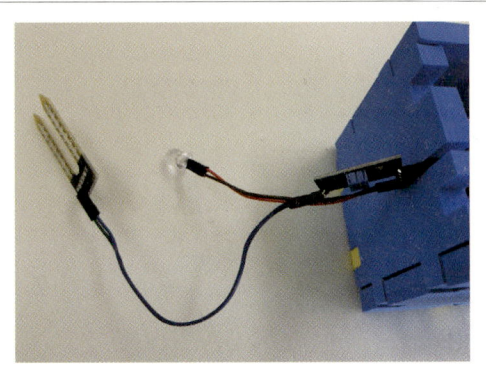

⓱ 마찬가지로 토양 수분 센서 케이블을 빼낸다.

⓲ 마지막으로 조도 센서를 끼운다.

⑲ 위판을 준비한다. 홈이 파진 부분을 왼쪽 방향으로 한다.

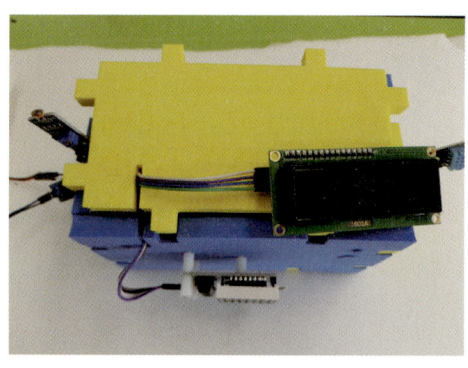
⑳ LCD 케이블을 화면처럼 끼운다.

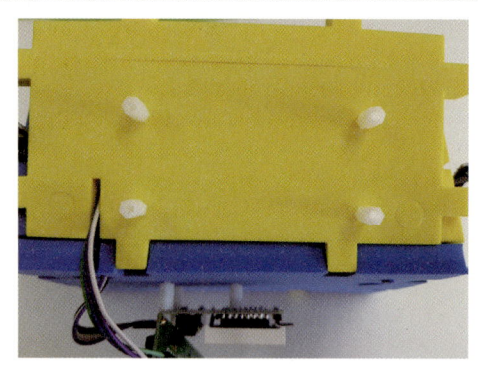
㉑ 동봉된 서포트 4개를 구멍이 표시된 곳에 끼운다.

㉒ LCD를 서포트 구멍에 맞춘다.

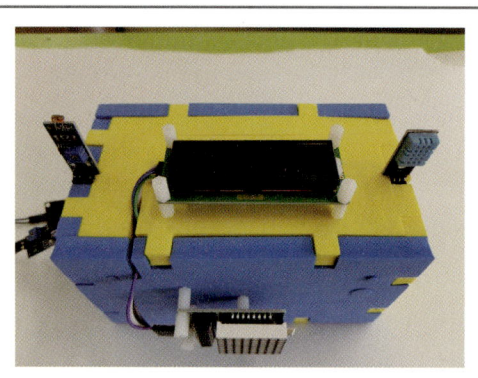
㉓ 사진처럼 또 다른 서포트로 고정한다.

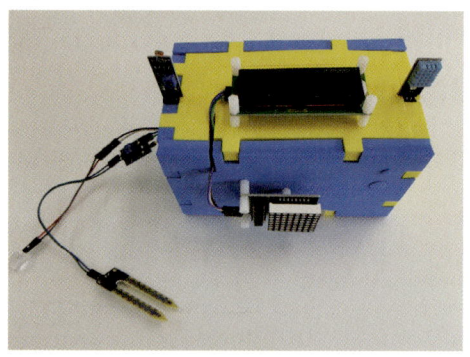
㉔ 사진과 같이 완성한다.

㉕ 건전지 홀더에 9V 건전지를 끼운다.

㉖ 건전지 홀더 앞 부분에 ON/OFF 표시를 확인한다.

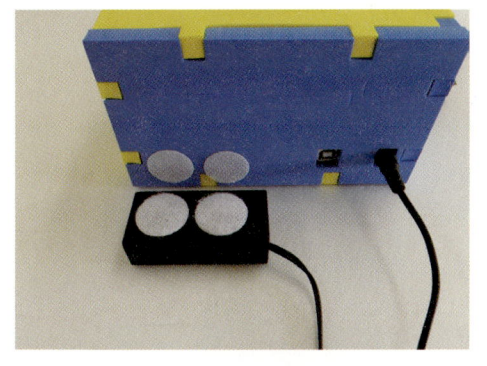

㉗ 건전지 홀더에 양면 테이프를 붙인다.

㉘ 사진처럼 건전지 홀더를 붙인다.

㉙ 건전지를 ON으로 작동시킨 후 작동되는지 확인한다.

㉚ 교실 식물 키우기(스마트팜) 완성!!!

Lesson 17 초음파 센서 무드등

추가 과제

- 초음파 센서의 값이 LCD에 표현되게끔 코딩해 보세요.
- 초음파 센서의 값이 15cm를 넘으면 네오 픽셀에 초록빛이 나오도록, 넘지 않으면 빨간빛이 나오도록 코딩해 보세요.
- 초음파 센서의 값이 0~10cm, 10~20cm 등과 같이 범위에 따라 네오픽셀에 다른 빛깔이 나오도록 코딩해 보세요.

01 준비물

아두이노 우노 보드	미니 브레드 보드	암-수 및 수수 점퍼 케이블(10cm)
네오픽셀(양면 테이프 포함)	초음파 센서	전동 드로잉펜
9V 건전지 커버 스위치 홀더	무드등 외관(아크릴 포함)	아두이노 우노 데이터 케이블
OTG 젠더(5핀, C타입)		

02 회로도 구성

1 전원 공급 : 우노 보드의 5V와 GND를 브레드 보드에 연결한다.

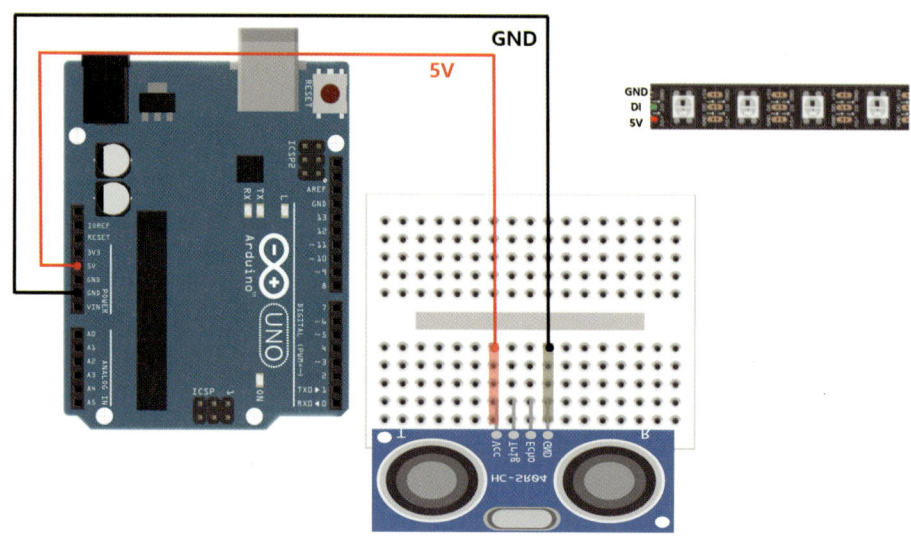

2 네오픽셀 연결하기 : 네오픽셀의 GND와 5V를 브레드 보드의 GND와 5V에 연결한다. 이후, 네오픽셀의 DI를 우노 보드의 7번 핀과 연결한다.

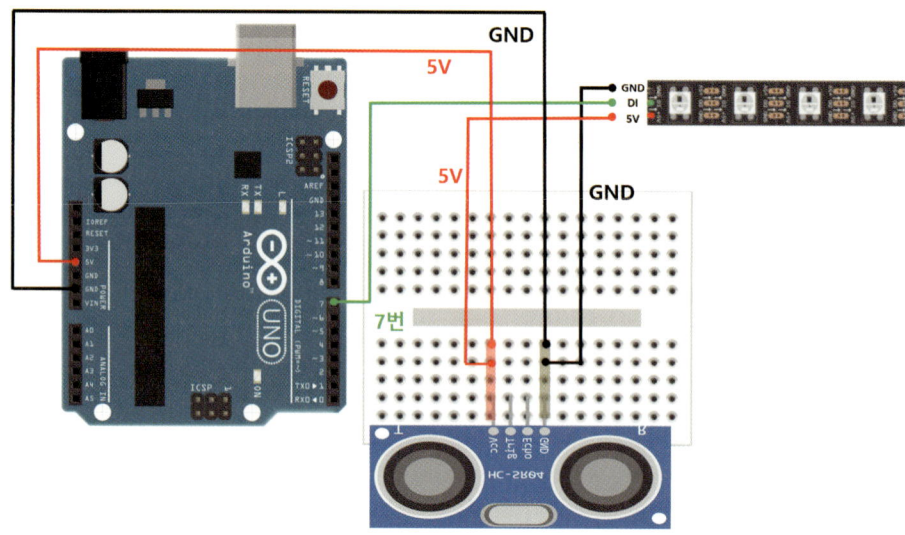

3 초음파 센서 연결하기 : 초음파 센서의 VCC와 GND가 브레드 보드의 5V 및 GND 라인과 일치하도록 브레드 보드에 부착한다. 이후, 초음파 센서의 Trig와 Echo를 각각 우노 보드의 13번 핀과 12번 핀에 연결한다. (회로도 완성)

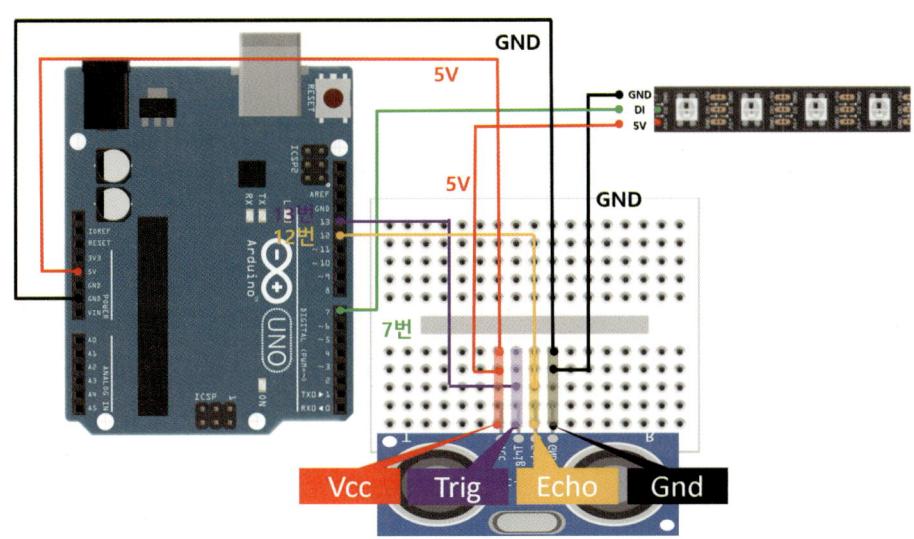

03 코딩 구성

1 Void Setup (라이브러리 호출)

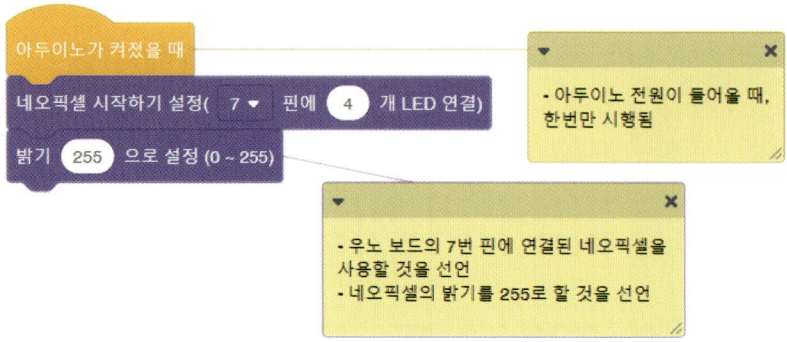

2 Void loop (무한 반복)

조건문을 이용하여 네오픽셀 제어하기

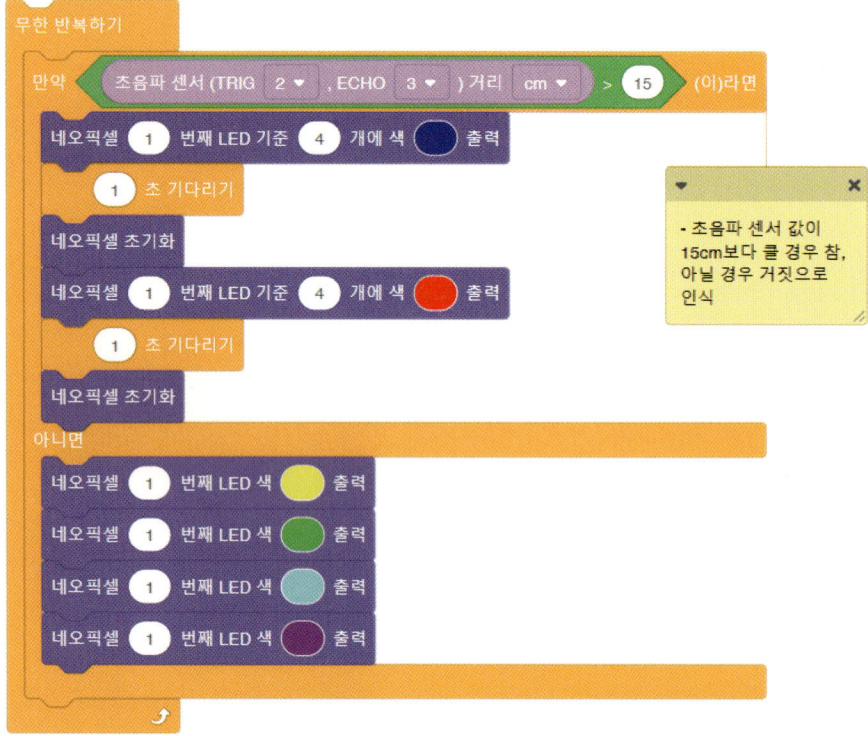

3 코딩 완성

04 외관 구성

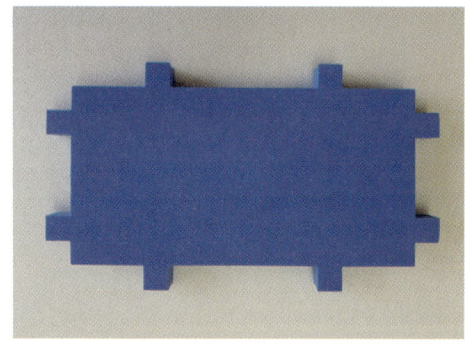

❶ 밑판을 사진처럼 배치한다.

❷ 뒷판을 사진처럼 배치한다.

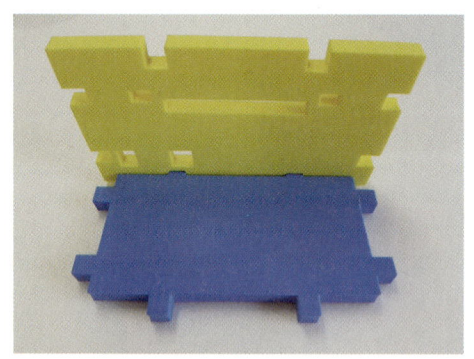

❸ 밑판과 뒷판을 그림처럼 조립한다.

❹ 우노 보드를 뒷판 구멍에 맞춰 넣는다.

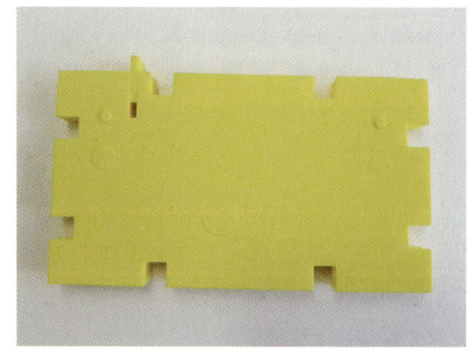
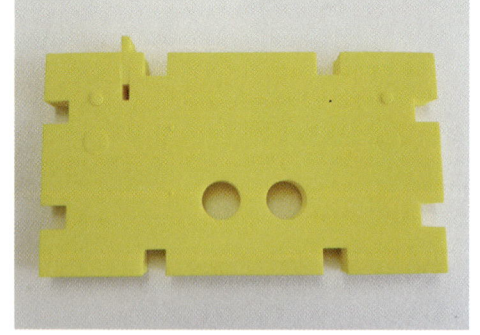

❺ 앞판을 준비한다. 홈이 파진 부분을 위쪽으로 한다.

❻ 앞에 구멍 2개를 빼낸다.

❼ 초음파 센서를 구멍에 넣는다.

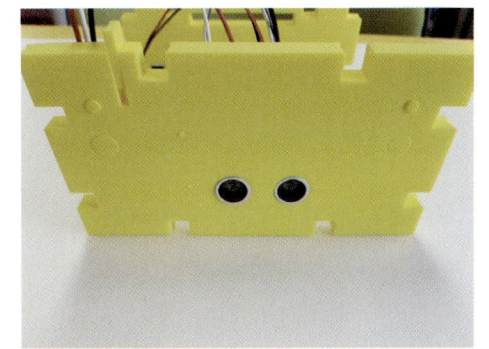
❽ 앞판을 조립한다.

❾ 미니 브레드 보드의 양면 테이프를 떼어낸다.

❿ 미니 브레드 보드를 사진처럼 붙인다.

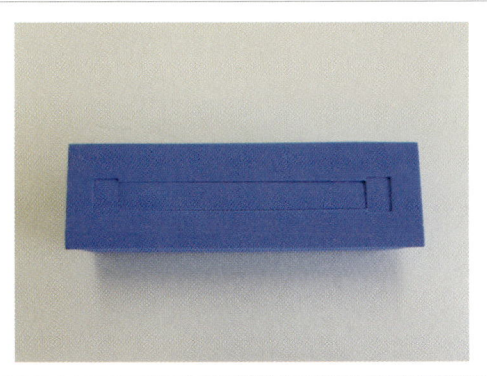
⓫ 사진의 재료를 준비한다.

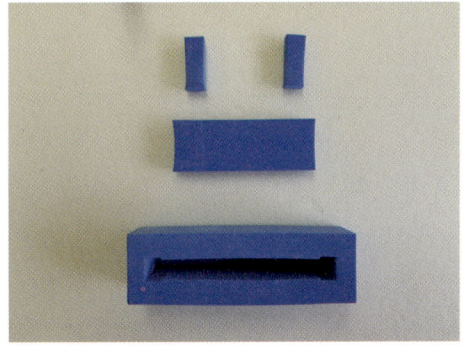
⓬ 사진처럼 구성물을 빼낸다. 위에 해당하는 부분이 네오픽셀과 아크릴판의 거치대이다.
밑에 해당하는 부분은 이름표로 활용한다.

❶❸ 네오픽셀 거치대를 사진처럼 꽂는다

❶❹ 양면 테이프를 이용해 네오픽셀을 붙인다

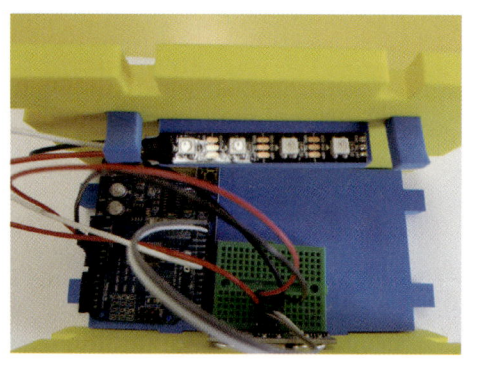
❶❺ 양쪽 끝에 아크릴 거치대 2개를 꽂는다.

❶❻ 옆판을 사진처럼 준비한다.

❶❼ 옆판을 조립한다

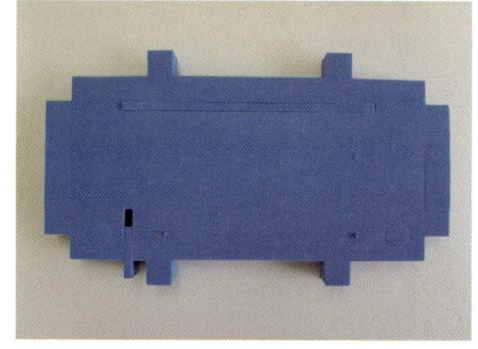
❶❽ 위판을 그림처럼 배치한다.

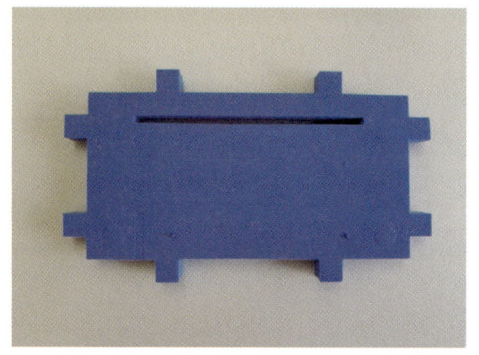

⑲ 아크릴 구멍을 제거한다.

위판을 부착한다.

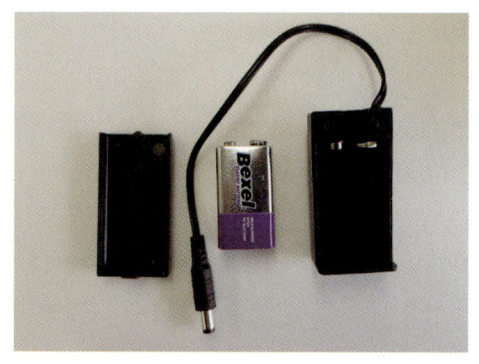

㉑ 9V 건전지와 케이스를 준비한다.

㉒ 9V 건전지를 케이스에 넣는다.

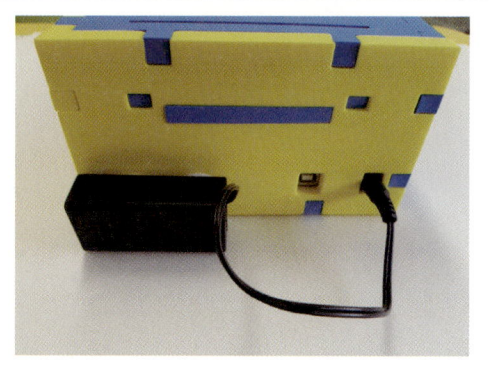

㉓ 뒷판에 사진처럼 9V 건전지 홀더를 부착한다.

㉔ 아크릴 판을 꽂으면 끝!!!

Lesson

18 소리(소리 센서 무드등) 센서 무드등

추가 과제

- 소리 센서의 값이 LCD에 표현되게끔 코딩해 보세요.
- 소리 센서의 값에 500을 곱한 값이 30을 넘으면 네오픽셀에 빨간빛이 나오도록, 넘지 않으면 빛이 꺼지도록 코딩해 보세요.
- 소리 센서의 값의 범위를 5단계 이상으로 나눠서 네오픽셀 빛깔을 제어할 수 있도록 코딩해 보세요.

01 준비물

아두이노 우노 보드	미니 브레드 보드	소리 센서
네오픽셀(양면 테이프 포함)	무드등 외관(아크릴 포함)	전동 드로잉펜
암-수 및 수수 점퍼 케이블(10cm)	아두이노 우노 데이터 케이블	OTG 젠더(5핀, C타입)
9V 건전지 커버 스위치 홀더		

02 회로도 구성

1 전원 공급 : 우노 보드의 5V와 GND를 브레드 보드에 연결한다.

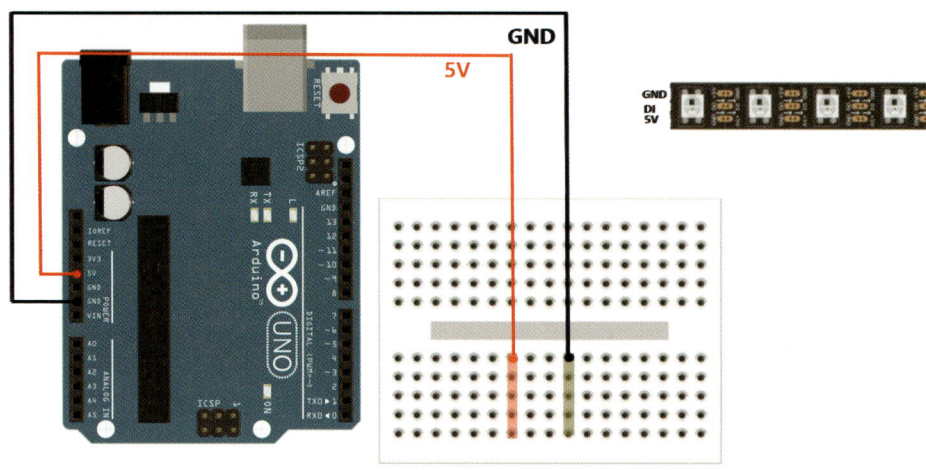

2 네오픽셀 연결하기 : 네오픽셀의 5V와 GND를 각각 브레드 보드의 5V와 GND에 연결한다. 이후, 네오픽셀의 DI는 우노 보드의 7번 핀과 연결한다.

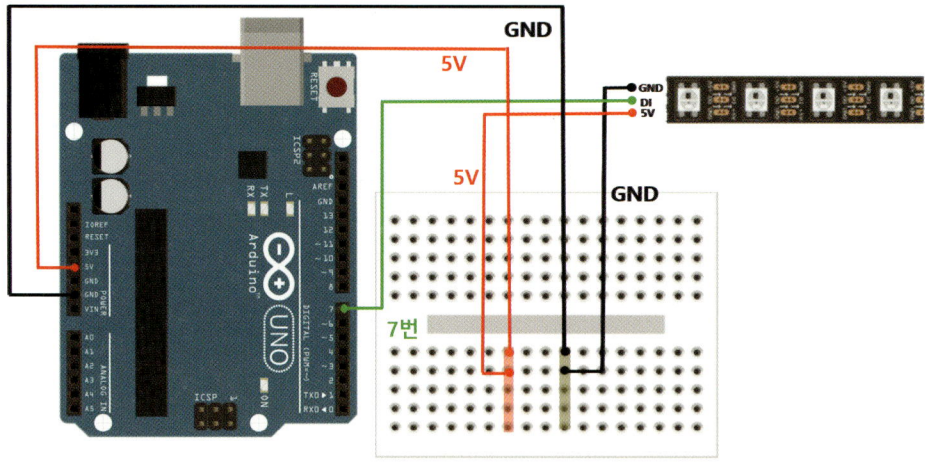

3 **소리 센서 연결하기** : 소리 센서의 VCC와 GND를 각각 브레드 보드의 5V와 GND에 연결한다. 이후, 소리 센서의 A0는 우노 보드의 A0와 연결한다.

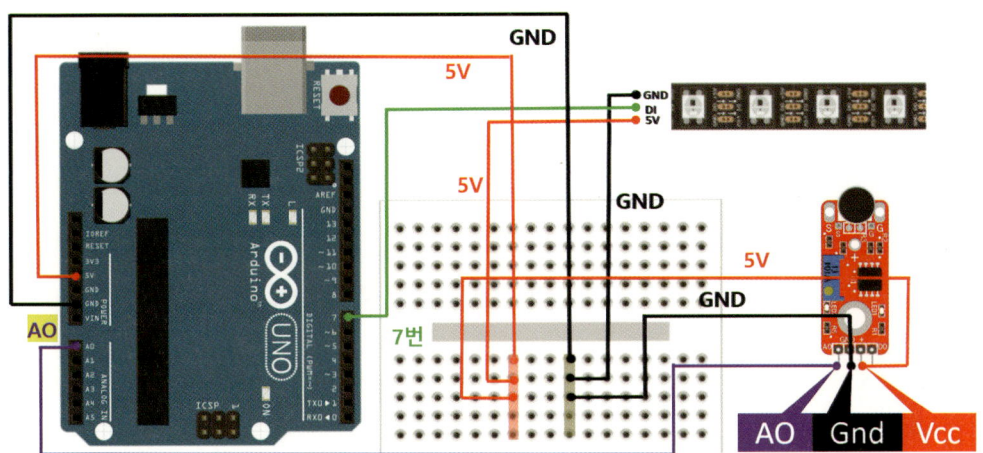

03 코딩 구성

1 Void Setup (라이브러리 호출)

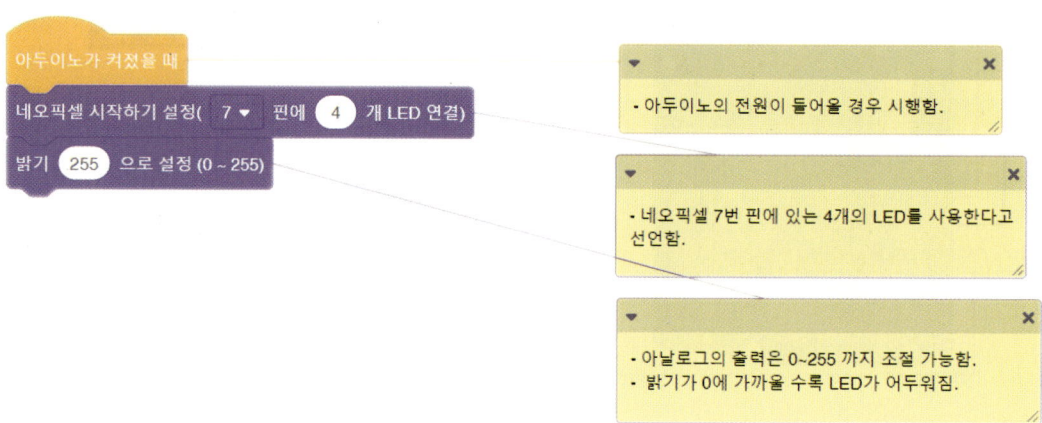

2 변수 만들기

기능을 구현하기 위해 필요한 변수를 생성한다. [그림 3-1]의 '변수 만들기'를 클릭한 후, 변수의 이름을 'sound'라고 설정한 후, 알맞게 생성되었는지 확인한다.

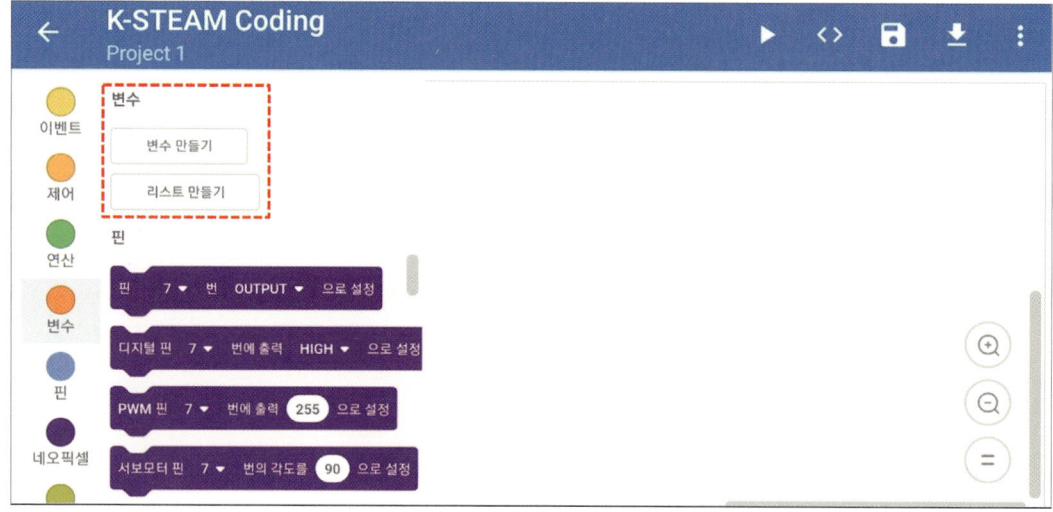

[그림 3-1] 변수 만들기 탭

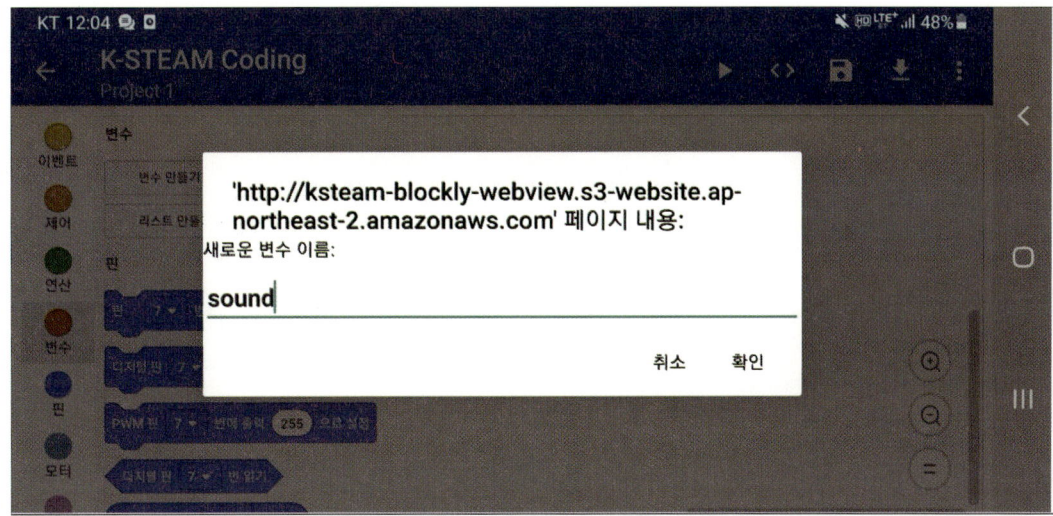

[그림 3-2] 변수 이름 설정하기

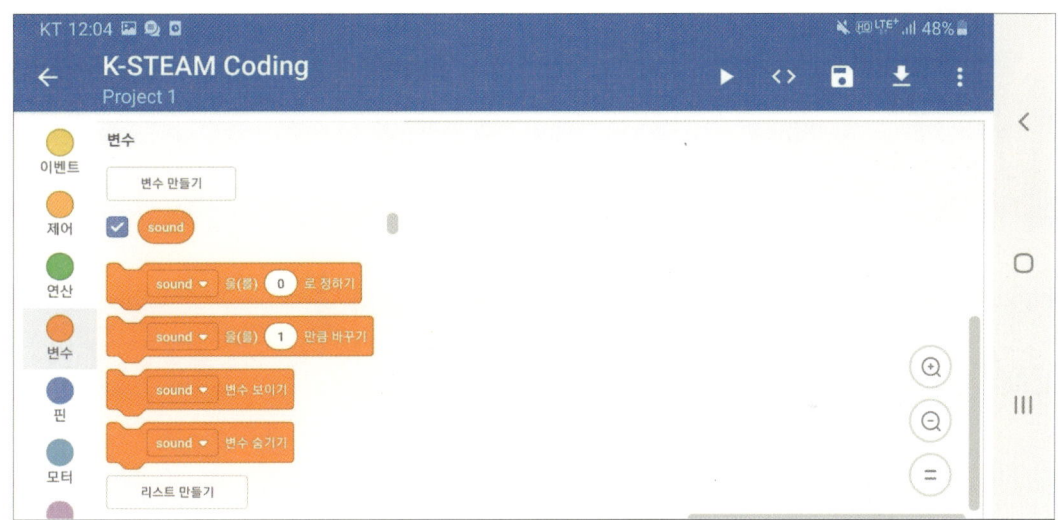

[그림 3-3] 변수 생성 확인하기

3 Void Loop (무한 반복)

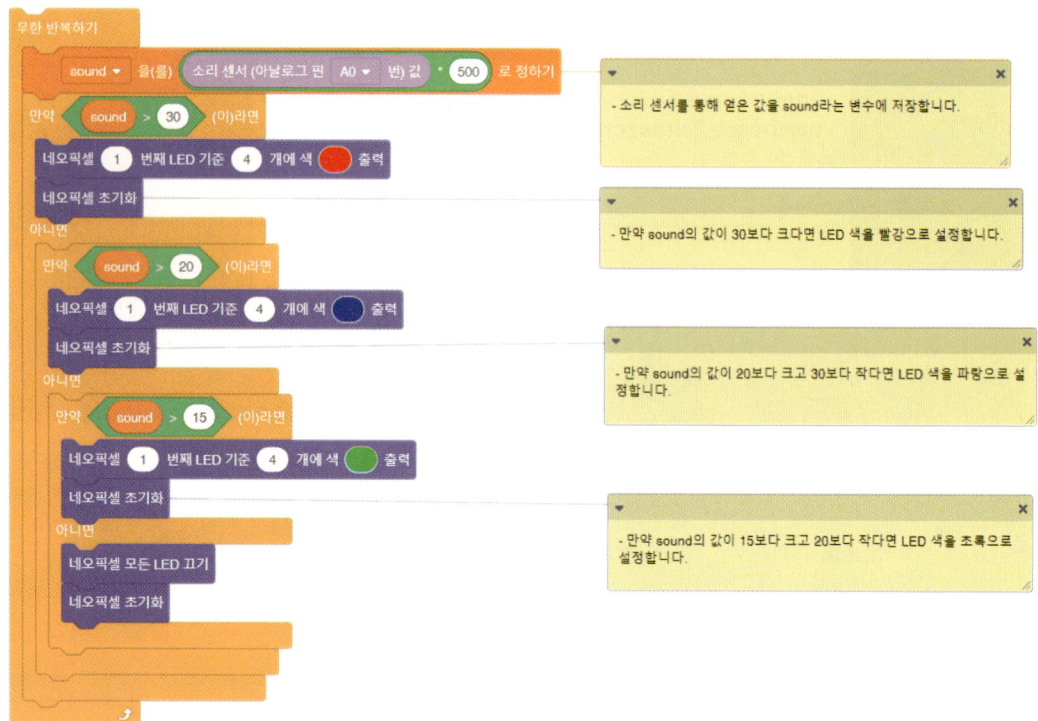

4 전체 코드

```
아두이노가 켜졌을 때
네오픽셀 시작하기 설정( 7 ▼ 핀에 4 개 LED 연결)
밝기 255 으로 설정 (0 ~ 255)
무한 반복하기
    sound ▼ 을(를) 소리 센서 (아날로그 핀 A0 ▼ 번) 필터링 값 * 500 로 정하기
    만약 sound > 30 (이)라면
        네오픽셀 1 번째 LED 기준 4 개에 색 ● (빨강) 출력
        네오픽셀 초기화
    아니면
        만약 sound > 20 (이)라면
            네오픽셀 1 번째 LED 기준 4 개에 색 ● (파랑) 출력
            네오픽셀 초기화
        아니면
            만약 sound > 15 (이)라면
                네오픽셀 1 번째 LED 기준 4 개에 색 ● (초록) 출력
                네오픽셀 초기화
            아니면
                네오픽셀 모든 LED 끄기
                네오픽셀 초기화
```

04 외관 구성

❶ 밑판을 사진처럼 배치한다.

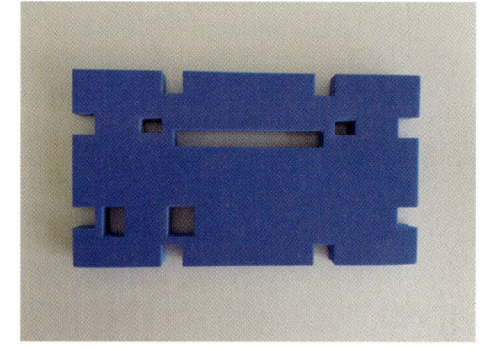

❷ 뒷판을 사진처럼 배치한다.

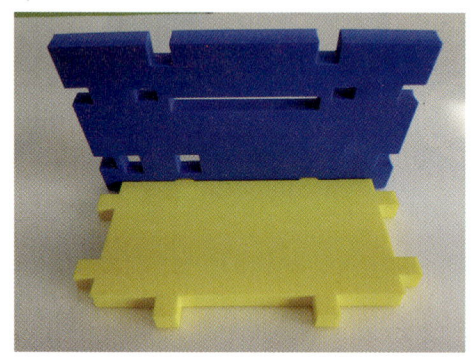

❸ 밑판과 뒷판을 그림처럼 조립한다.

❹ 우노 보드를 뒷판 구멍에 맞춰 넣는다. 미니 브레드 보드 밑면의 양면 테이프를 이용해 사진처럼 붙인다

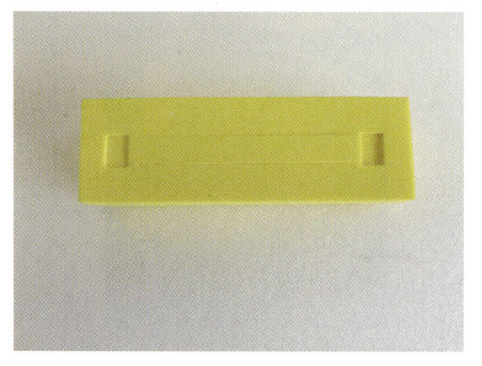

❺ 사진의 재료를 준비한다.

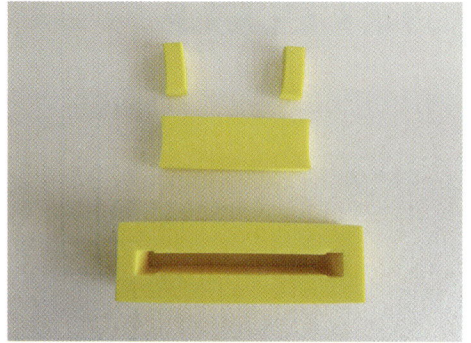

❻ 사진처럼 구성물을 빼낸다. 위에 해당하는 부분이 네오픽셀과 아크릴판의 거치대이다. 밑에 해당하는 부분은 이름표로 활용한다.

❼ 뒤판에 사진처럼 네오픽셀 거치대와 아크릴 거치대를 넣은 후, 양면 테이프를 이용해 네오픽셀을 붙인다.

❽ 앞판을 사진처럼 준비한다.

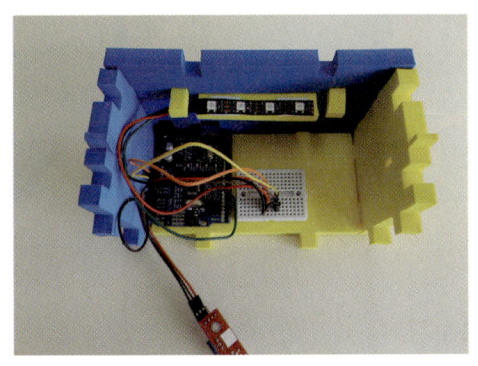

❾ 옆판을 조립한다.

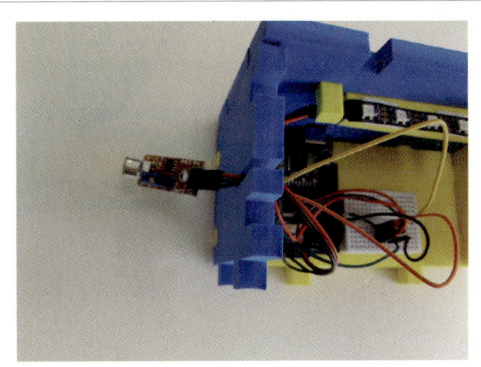

❿ 소리 센서를 그림처럼 홈 밖으로 꺼낸다.

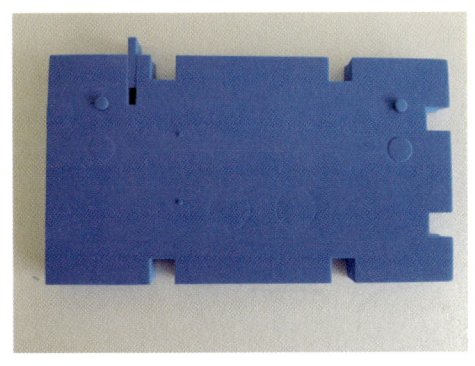

⓫ 앞판을 준비한다. 홈이 세 개인 부분이 위로 가게 배치한다.

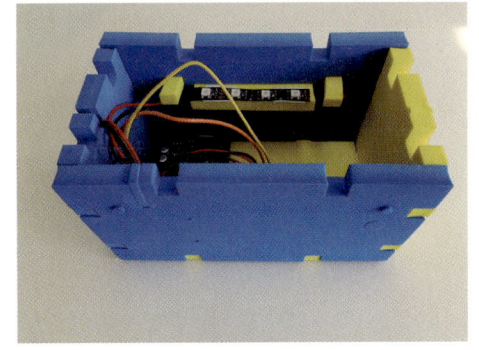

⓬ 앞판을 조립한다.

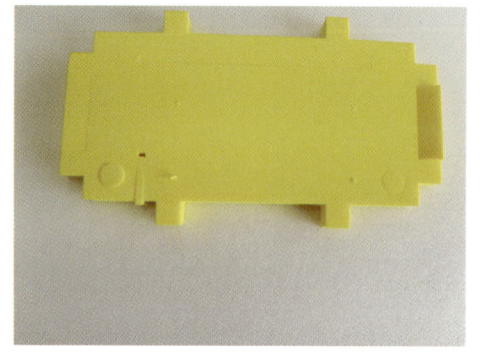

⓭ 사진처럼 위판을 준비한다.

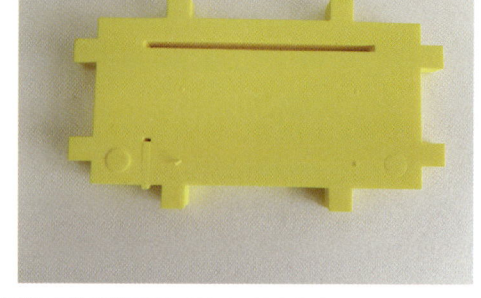

⓮ 위판의 구성물을 사진처럼 빼낸다.

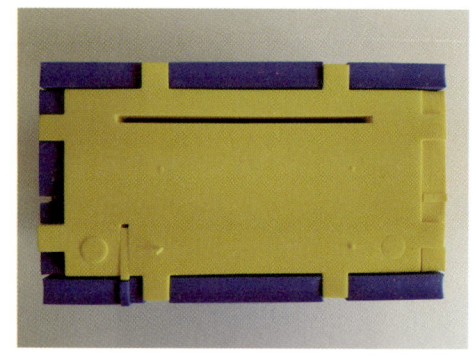

⓯ 위판을 조립한다.

⓰ 9v 건전지 홀더를 준비한다.

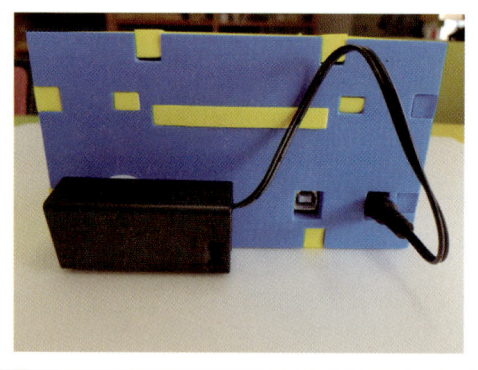

⓱ 사진처럼 9v 건전지 홀더를 부착한 후, 전원을 연결한다.

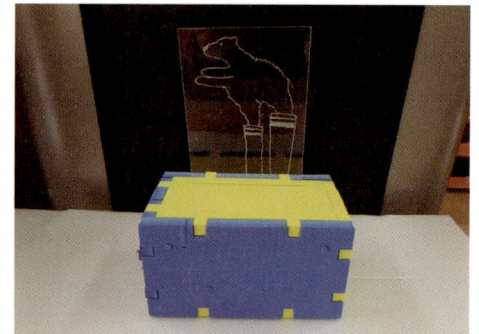

⓲ 전동 드로잉 펜으로 아크릴에 그림을 새긴 후, 아크릴을 위판에 꽂아 완성한다.

Memo

Lesson

19 귀차니스트를 위한 무드등

추가 과제

- 박수를 한 번 쳤을 때 네오픽셀에서 빨간빛이 나오게끔 코딩해 보세요.
- 박수를 두 번 쳤을 때 네오픽셀에서 초록빛이 나오도록 코딩해 보세요.
- 박수를 세 번 쳤을 때 네오픽셀에서 파란빛이 나오게끔 코딩해 보세요.
- 박수를 네 번 쳤을 때 네오픽셀의 빛이 꺼지도록 코딩해 보세요.

01 준비물

02 회로도 구성

1 전원 공급 : 우노 보드의 5V와 GND를 브레드 보드에 연결한다.

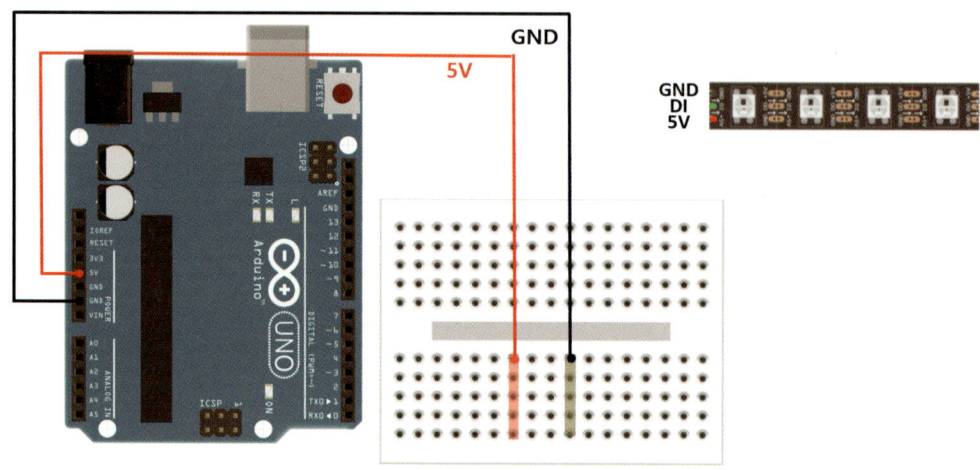

2 네오픽셀 연결하기 : 네오픽셀의 5V와 GND를 각각 브레드 보드의 5V와 GND에 연결한다. 이후, 네오픽셀의 DI는 우노 보드의 7번 핀과 연결한다.

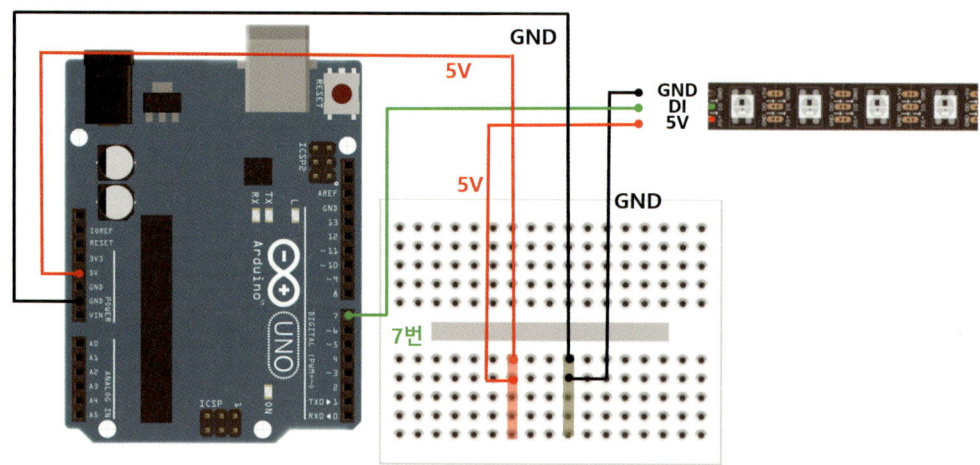

3 **소리 센서 연결하기** : 소리 센서의 VCC와 GND를 각각 브레드 보드의 5V와 GND에 연결한다. 이후, 소리 센서의 A0는 우노 보드의 A0와 연결한다.

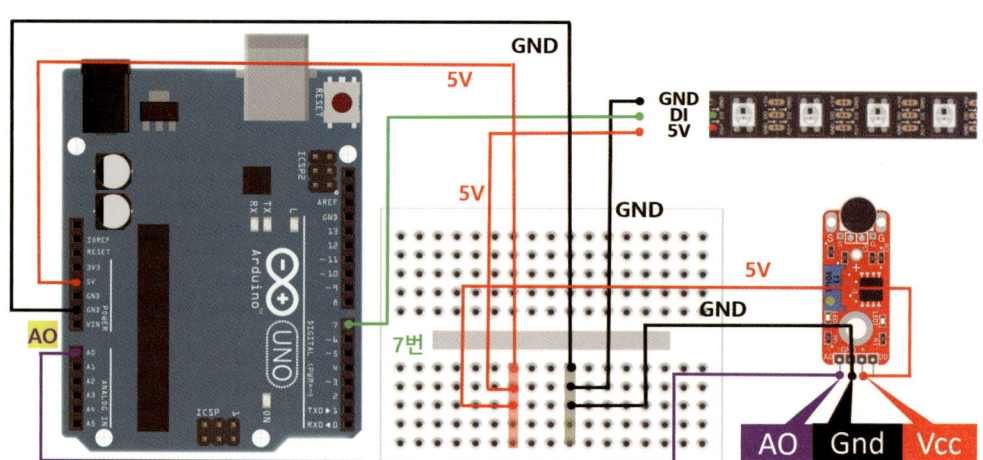

03 코딩 구성

1 Void Setup (라이브러리 호출)

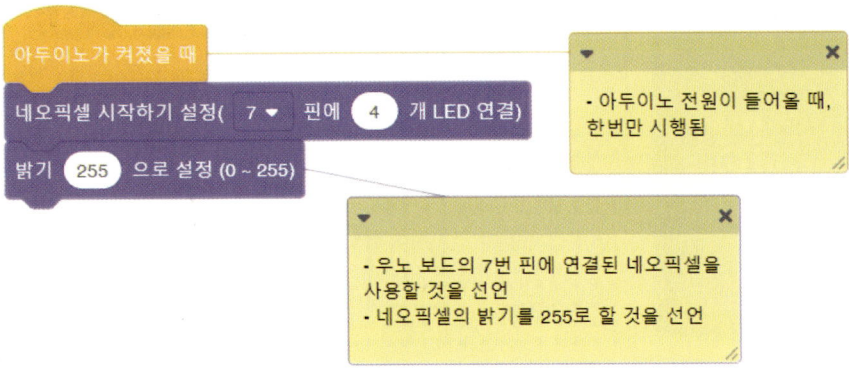

2 Void loop (무한 반복)

조건문을 이용하여 네오픽셀 제어하기

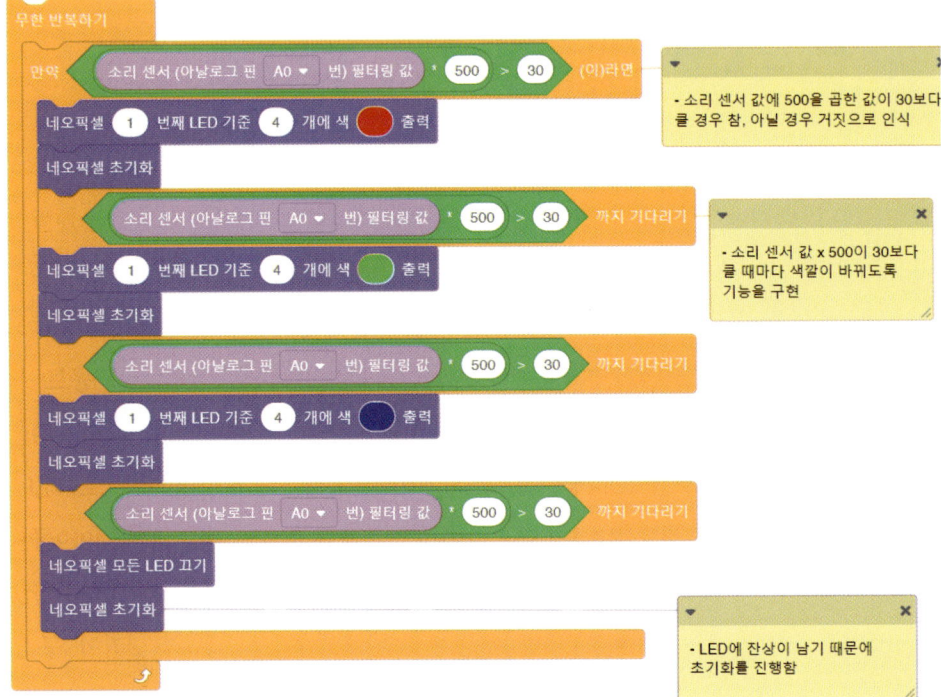

3 전체 코드

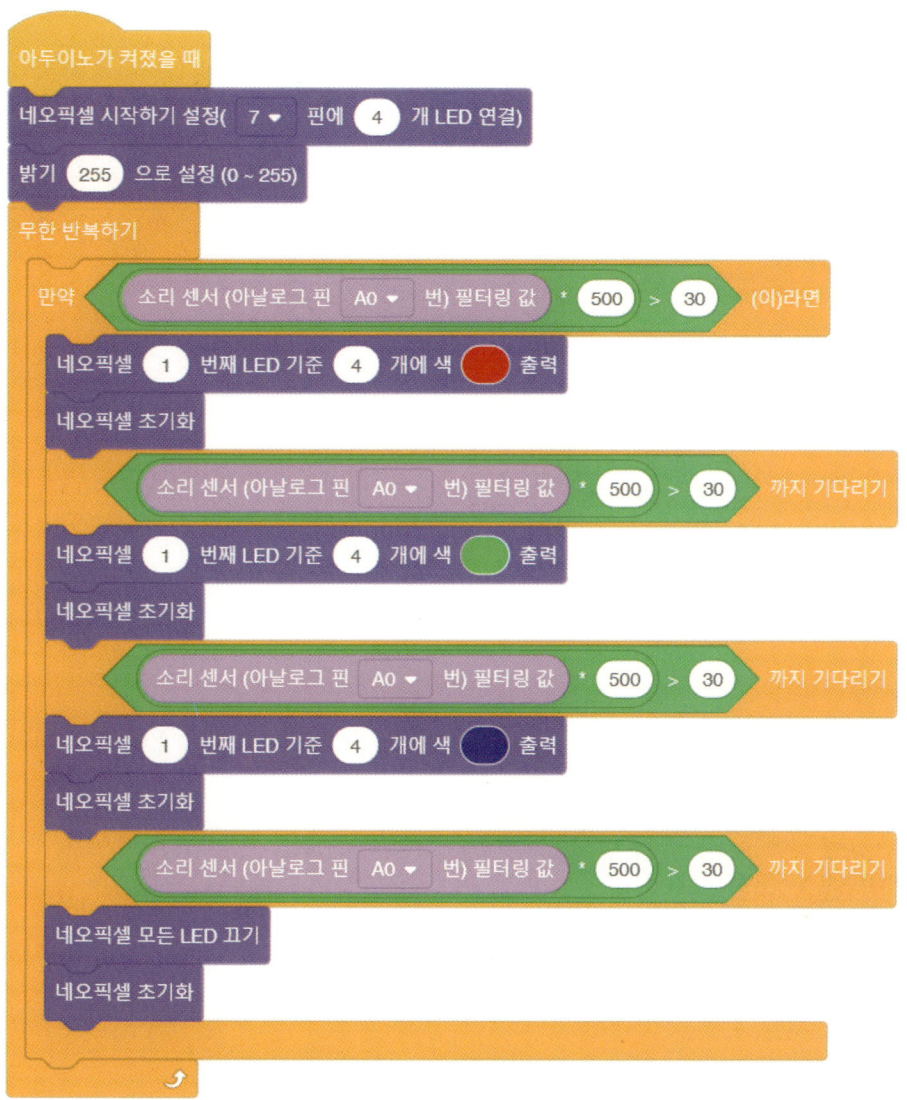

Lesson

20 조도 센서 무드등

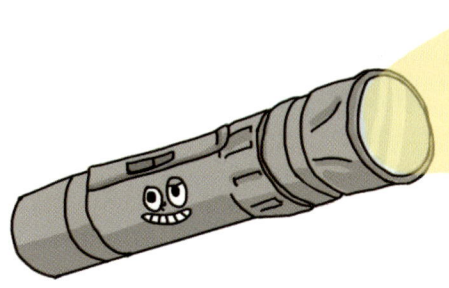

추가 과제

- 주변 밝기에 따라 네오픽셀의 LED 밝기도 조절되게끔 코딩해 보세요.
- 주변 밝기에 따라 네오픽셀의 빛깔이 달라지도록 코딩해 보세요.

01 준비물

아두이노 우노 보드	미니 브레드 보드	조도 센서
네오픽셀(양면 테이프 포함)	무드등 외관(아크릴 포함)	전동 드로잉펜
암-수 및 수수 점퍼 케이블(10cm)	아두이노 우노 데이터 케이블	OTG 젠더(5핀, C타입)
9V 건전지 커버 스위치 홀더		

02 회로도 구성

1 전원 공급 : 우노 보드의 5V와 GND를 브레드 보드에 연결한다.

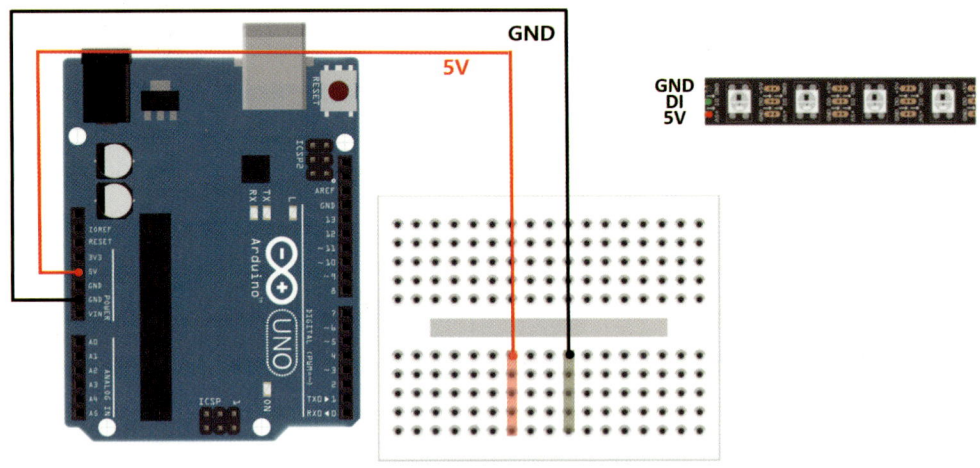

2 네오픽셀 연결하기 : 네오픽셀의 5V와 GND를 각각 브레드 보드의 5V와 GND에 연결한다. 이후, 네오픽셀의 DI는 우노 보드의 7번 핀과 연결한다.

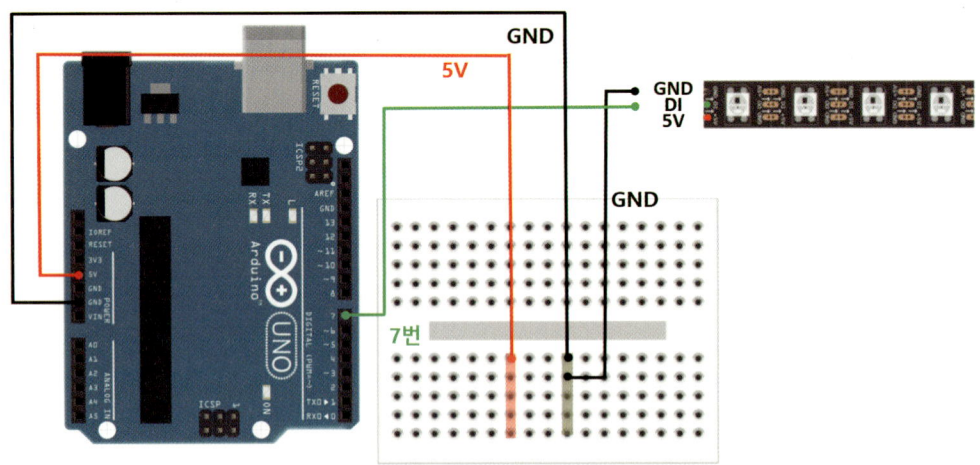

3 **조도 센서 연결하기** : 조도 센서의 VCC와 GND를 각각 브레드 보드의 5V와 GND에 연결한다. 이후, 조도 센서의 A0는 우노 보드의 A0 핀과 연결한다.

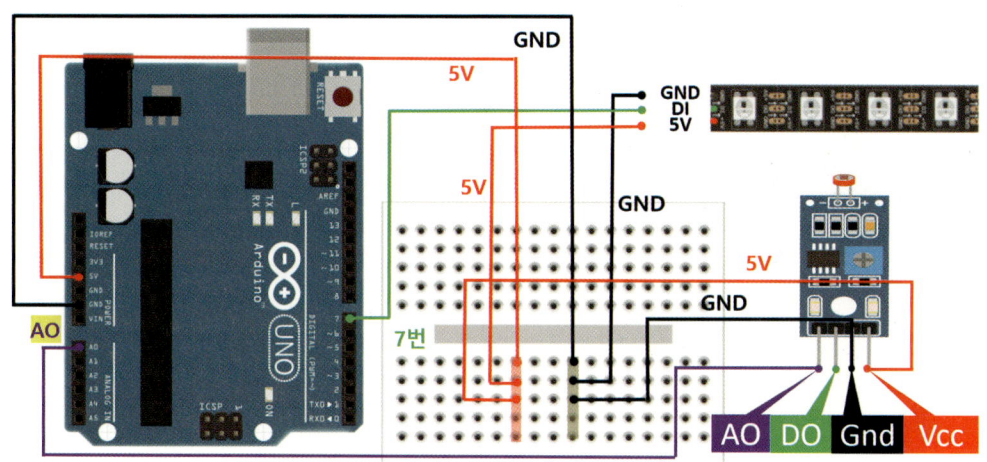

03 코딩 구성

1 Void Setup (라이브러리 호출)

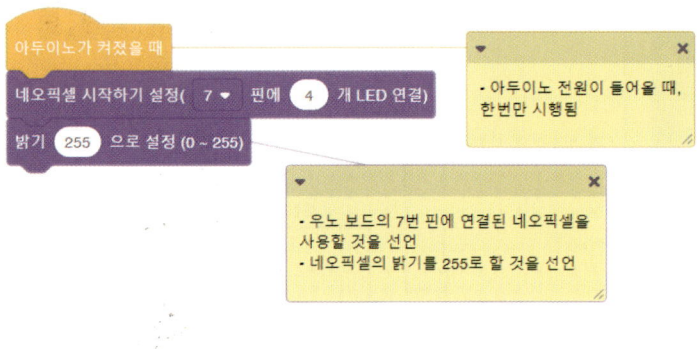

2 Void loop (무한 반복)

3 전체 코드

Lesson 21 에너지 절약 경보 무드등

추가 과제

- 피에조 부저를 활용해서 '떴다 떴다 비행기' 동요를 연주할 수 있도록 코딩해 보세요.
- 온습도 센서의 온도값에 따라 피에조 부저 음의 높낮이가 달라지게끔 코딩해 보세요.
- 온습도 센서의 온도값에 따라 네오픽셀의 빛깔이 달라지도록 코딩해 보세요.

01 준비물

아두이노 우노 보드	미니 브레드 보드	12C LCD
네오픽셀(양면 테이프 포함)	온습도 센서	피에조 부저
암-수 및 수수 점퍼 케이블(10cm)	무드등 외관(아크릴 포함)	전동 드로잉펜
9V 건전지 커버 스위치 홀더	아두이노 우노 데이터 케이블	

02 회로도 구성

1 전원 공급 : 우노 보드의 5V와 GND를 브레드 보드에 연결한다.

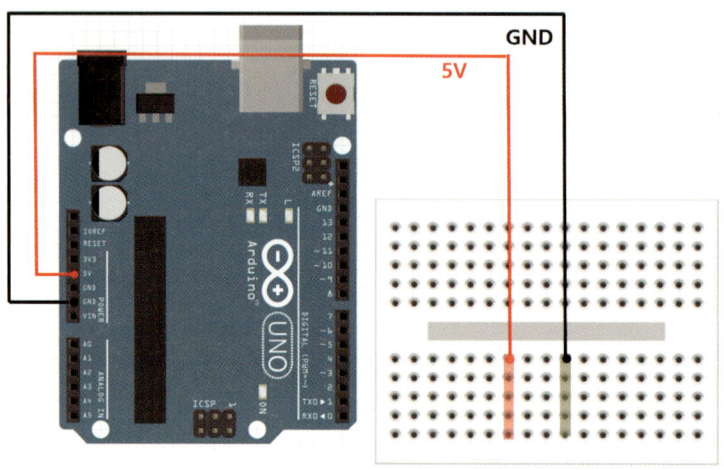

2 네오픽셀 연결 : 빨간색 점퍼 케이블은 5V, 검정색 점퍼 케이블은 GND, 초록색 점퍼 케이블은 7번 디지털 핀에 연결한다.

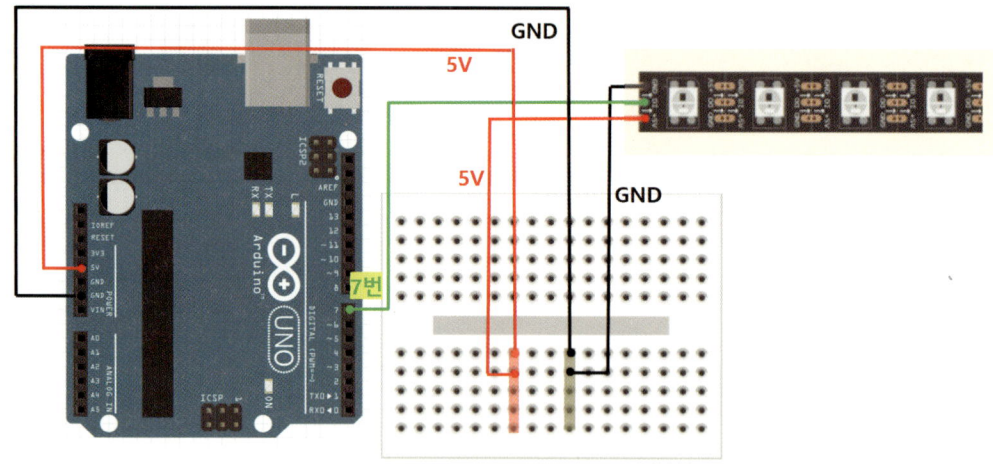

❸ **온습도 센서 연결**: '-'는 GND, '+'는 5V, OUT은 6번 디지털 핀에 연결한다.

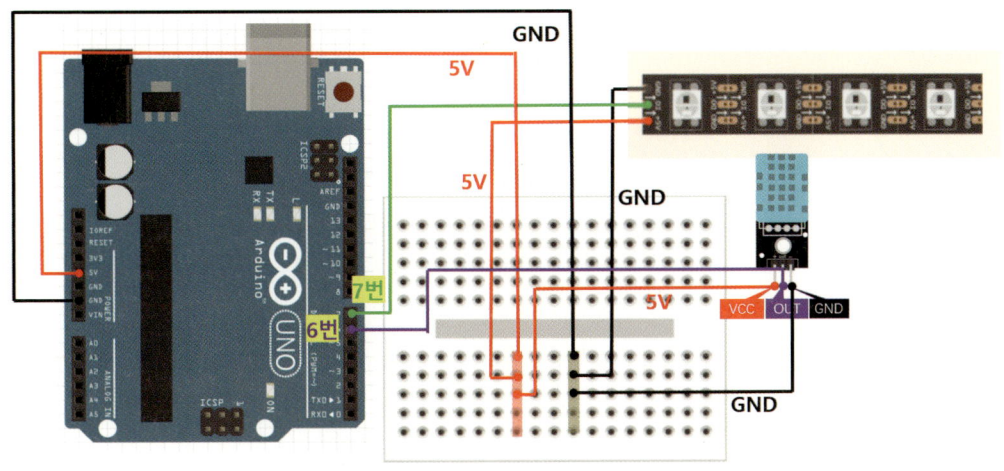

❹ **피에조 부저 연결**: '-'는 GND, '+'는 5번 디지털 핀에 연결한다.

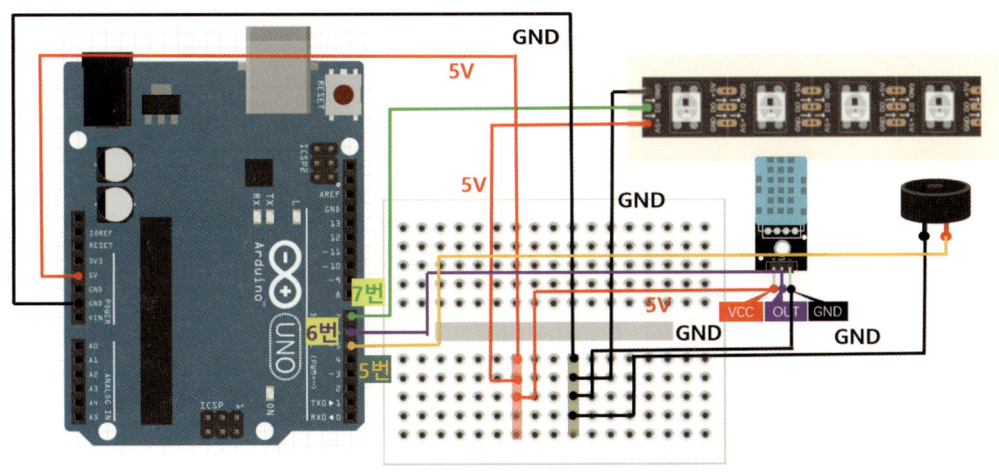

5 **I2C LCD 연결** : '-'는 GND, '+'는 5V, SDA는 A5번, SCL은 A6번 아날로그 핀에 연결한다. (회로도 완성)

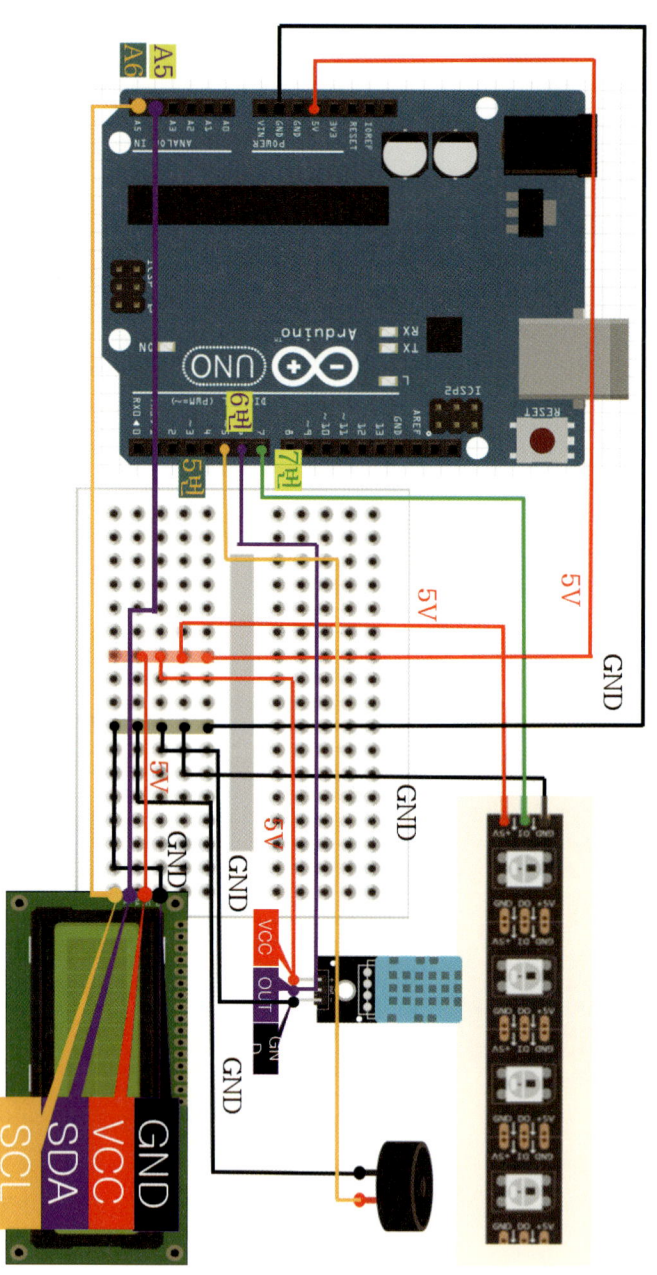

03 코딩 구성

1 Void Setup (라이브러리 호출)

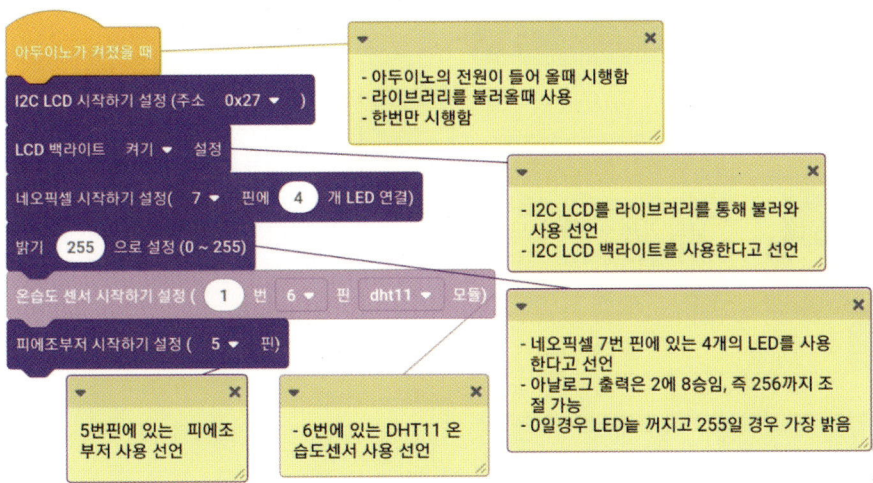

2 Void loop (무한 반복)

① I2C LCD 코딩하기

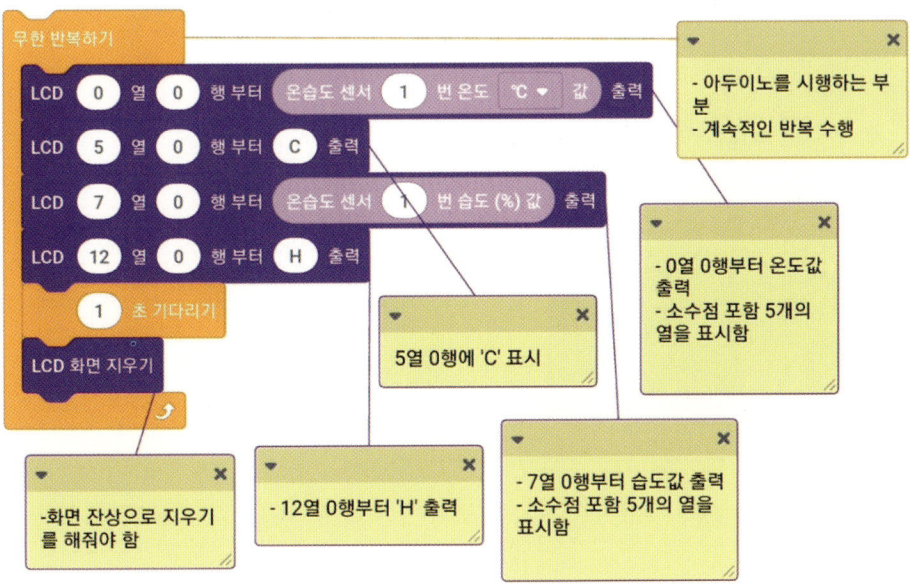

② 조건문 코딩하기

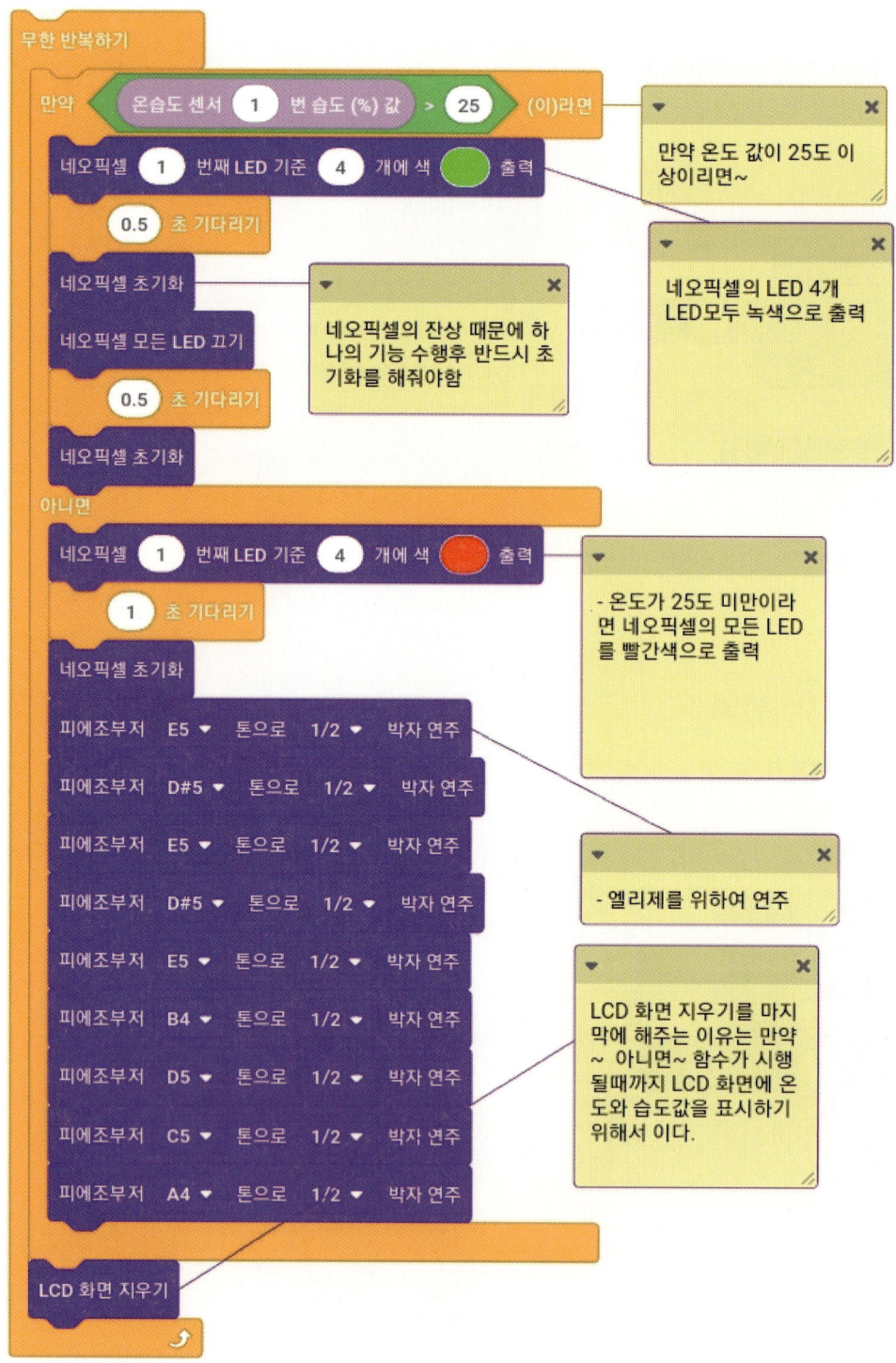

3 코딩 완성

아두이노가 켜졌을 때
- I2C LCD 시작하기 설정 (주소 0x27 ▼)
- LCD 백라이트 켜기 ▼ 설정
- 네오픽셀 시작하기 설정 (7 ▼ 핀에 4 개 LED 연결)
- 밝기 255 으로 설정 (0 ~ 255)
- 온습도 센서 시작하기 설정 (1 번 6 ▼ 핀 dht11 ▼ 모듈)
- 피에조부저 시작하기 설정 (5 ▼ 핀)

무한 반복하기
- LCD 0 열 0 행 부터 온습도 센서 1 번 온도 ℃ ▼ 값 출력
- LCD 5 열 0 행 부터 C 출력
- LCD 7 열 0 행 부터 온습도 센서 1 번 습도 (%) 값 출력
- LCD 12 열 0 행 부터 H 출력
- **만약** 온습도 센서 1 번 온도 ℃ ▼ 값 > 29 (이)라면
  - 네오픽셀 1 번째 LED 기준 4 개에 색 ● (초록) 출력
  - 0.5 초 기다리기
  - 네오픽셀 초기화
  - 네오픽셀 모든 LED 끄기
  - 0.5 초 기다리기
  - 네오픽셀 초기화
- **아니면**
  - 네오픽셀 1 번째 LED 기준 4 개에 색 ● (빨강) 출력
  - 1 초 기다리기
  - 네오픽셀 초기화
  - 피에조부저 E5 ▼ 톤으로 1/4 ▼ 박자 연주
  - 피에조부저 D#5 ▼ 톤으로 1/4 ▼ 박자 연주
  - 피에조부저 E5 ▼ 톤으로 1/4 ▼ 박자 연주
  - 피에조부저 D#5 ▼ 톤으로 1/4 ▼ 박자 연주
  - 피에조부저 E5 ▼ 톤으로 1/4 ▼ 박자 연주
  - 피에조부저 B4 ▼ 톤으로 1/4 ▼ 박자 연주
  - 피에조부저 D5 ▼ 톤으로 1/4 ▼ 박자 연주
  - 피에조부저 C5 ▼ 톤으로 1/4 ▼ 박자 연주
  - 피에조부저 A4 ▼ 톤으로 2 ▼ 박자 연주
- LCD 화면 지우기

04 외관 구성

❶ 밑판을 사진처럼 배치한다.

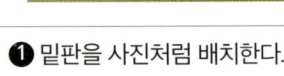

❷ 뒷판을 사진처럼 배치한다.

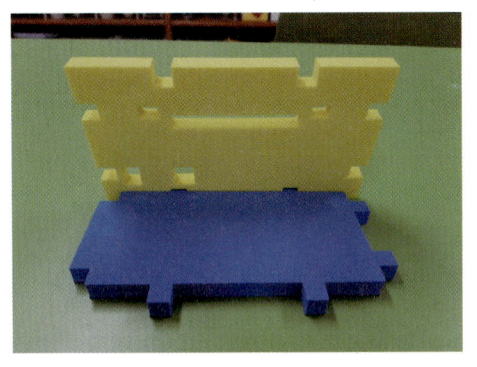

❸ 밑판과 뒷판을 그림처럼 조립한다.

❹ 우노 보드를 뒷판 구멍에 맞춰 넣는다. 미니 브레드 보드 밑면의 양면 테이프를 떼어내어 사진처럼 붙인다.

❺ 사진의 재료를 준비한다.

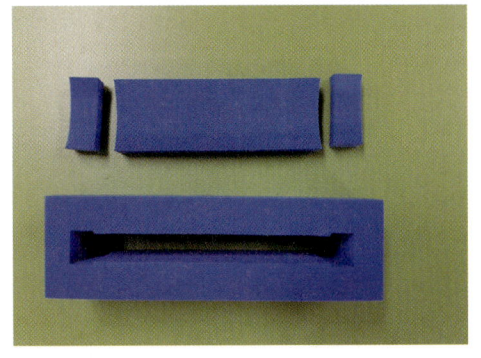

❻ 사진처럼 구성물을 빼낸다. 위에 해당하는 부분이 네오픽셀과 아크릴판의 거치대이다. 밑에 해당하는 부분은 이름표로 활용한다.

❼ 뒷판에 사진처럼 네오픽셀 거치대와 아크릴 거치대를 넣은 다음 양면 테이프를 이용해 네오픽셀을 붙인다.

❽ 옆판을 사진처럼 준비한다.

❾ 옆판을 조립한다.

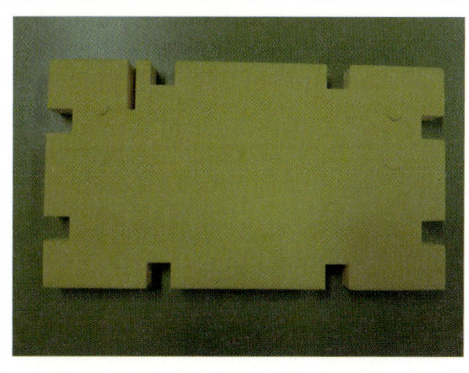

❿ 앞판을 준비한다. 홈이 파진 부분을 위쪽으로 한다.

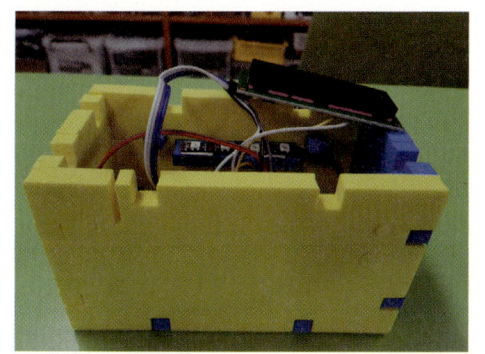

⓫ 앞판을 조립한다.

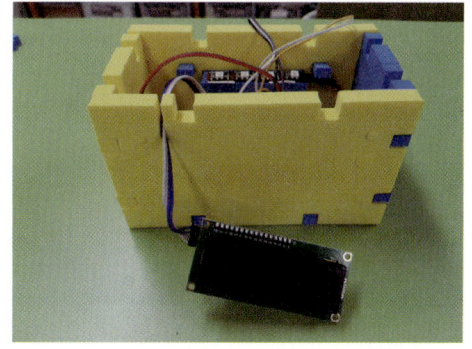

⓬ 앞판 홈이 파진 부분에 LCD 점퍼 케이블을 끼운다.

⓭ LCD의 구멍 4개를 동봉된 드라이버를 이용하여 뚫는다

⓮ 볼트+너트를 이용하여 사진처럼 부착한다.

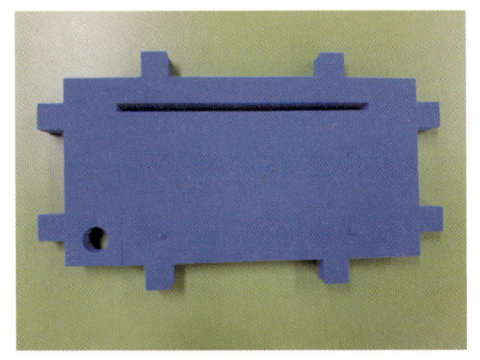

⓯ 위판을 그림처럼 배치한다.

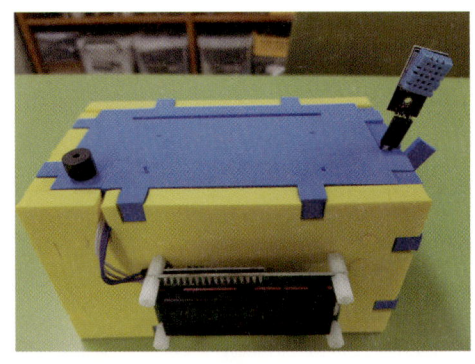

⓰ 왼쪽에 피에조 부저, 오른쪽에 온습도 센서를 배치한다.

⓱ 피에조 부저의 경우 점퍼 케이블을 뽑았다가 위판 조립 후 다시 끼워넣는다. 이때 극성을 잘 확인한다.

⓲ 온습도 센서는 오른쪽 길게 생긴 홈을 뺀 후 조립한다.

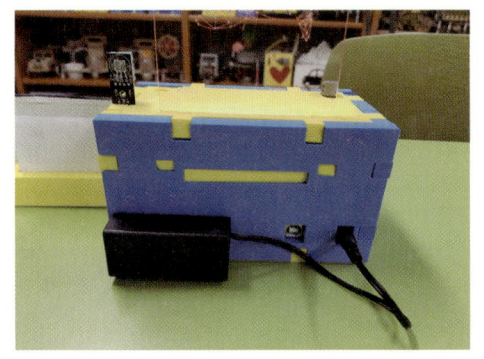

❶❾ 뒷판에 사진처럼 9V 건전지 홀더를 부착한다.

❷⓪ 아크릴을 꽂으면 끝!!!, 초록색 불이 나오면 에너지 절약하는 경우이다.

❷❶ 빨간색 불과 피에조 부저의 경고음이 나오면 에너지를 낭비하는 경우이다.

❷❷ 에너지를 절약하는 경우와 낭비하는 경우는 네오픽셀 색깔로 구별한다.

Lesson **22**

도트 매트릭스 이퀄라이징

추가 과제

- 소리 센서의 값의 범위를 10단계 이상으로 나눠서 도트 매트릭스가 다르게 표현되도록 코딩해 보세요.

01 준비물

아두이노 우노 보드	미니 브레드 보드	소리 센서
도트 매트릭스	무드등 외관(아크릴 포함)	전동 드로잉펜
암-수 및 수수 점퍼 케이블 (10cm, 20cm)	아두이노 우노 데이터 케이블	OTG 젠더(5핀, C타입)
9V 건전지 커버 스위치 홀더		

02 회로도 구성

1 **전원 공급** : 도트 매트릭스의 VCC와 GND를 우노 보드의 5V와 GND에 연결한다. 도트 매트릭스의 DIN, CS, CLK는 각각 우노 보드의 12번 핀, 11번 핀, 10번 핀에 연결한다.

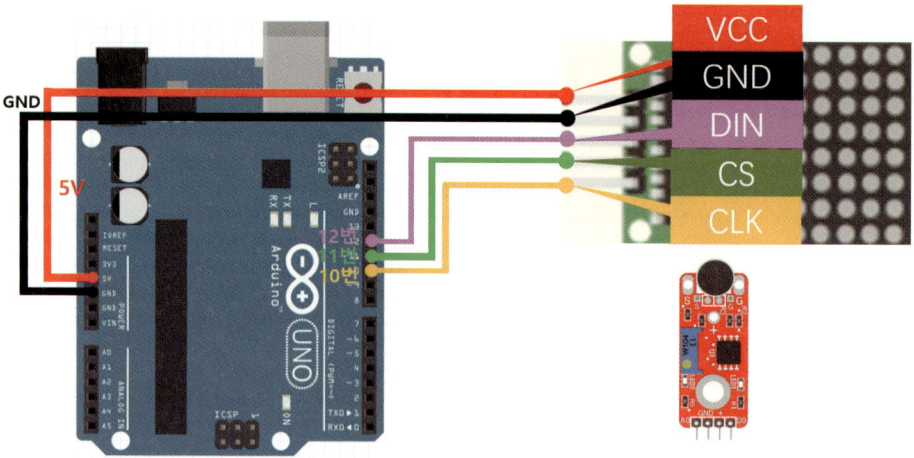

2 **소리 센서 연결하기** : 소리 센서의 A0(아날로그 아웃)는 우노 보드의 A0(아날로그 0번)과 연결한다. 소리 센서의 VCC와 GND를 각각 보드의 3V3와 GND에 연결한다. (회로도 완성)

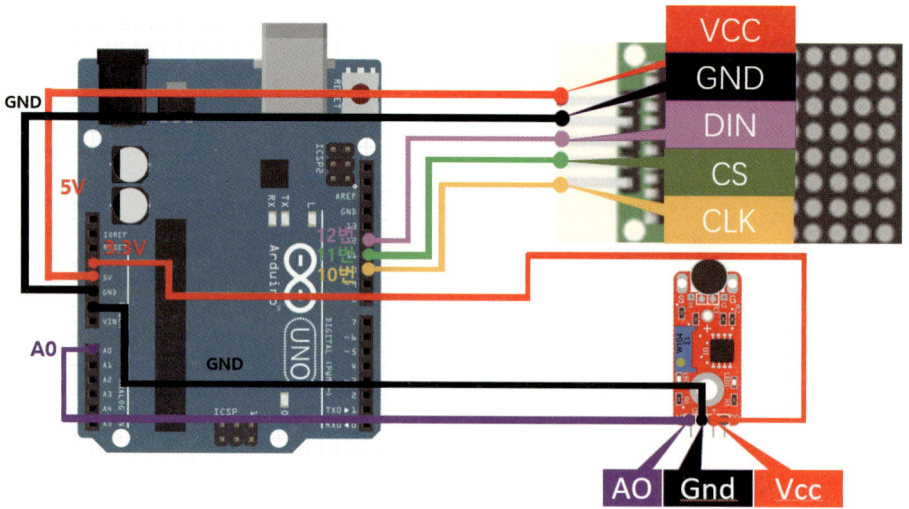

03 코딩 구성

1 Void Setup (라이브러리 호출)

아두이노가 켜졌을 때

8x8 도트 매트릭스 시작하기 설정 (DIN 12 ▼ , CLK 10 ▼ , CS 11 ▼)

8x8 도트 매트릭스 밝기 5 으로 설정 (0 ~ 8)

- 8x8 도트 매트릭스를 사용하겠다고 선언
- 8x8 도트 매트릭스의 밝기 조절할 수 있는 라이브러리 선언

2 Void loop (무한 반복)

① 변수 만들기

기능을 구현하기 위해 필요한 변수를 생성한다. [그림 3-1]의 '변수 만들기'를 클릭한 후, 변수의 이름을 'sound'라고 설정한 후, 알맞게 생성되었는지 확인한다.

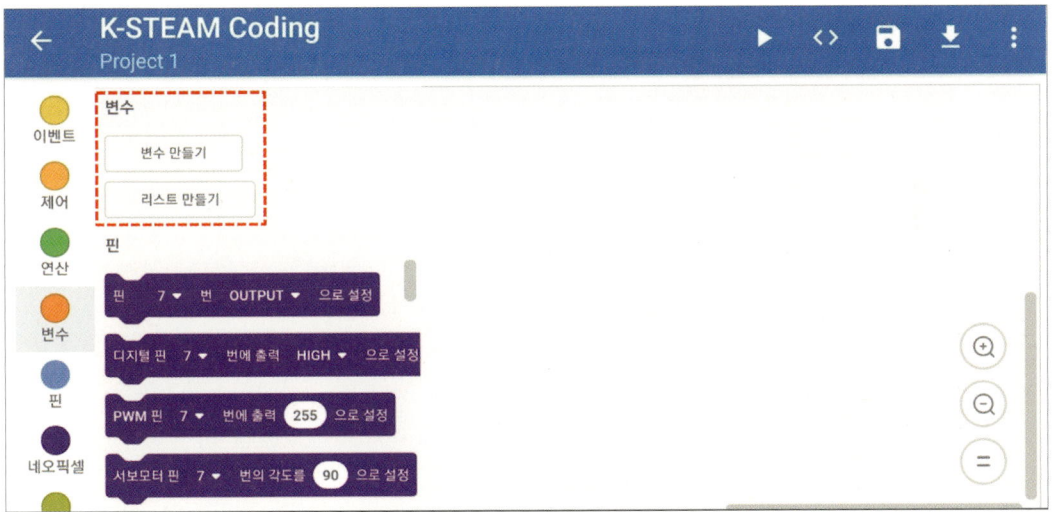

[그림 3-1] 변수 만들기 탭

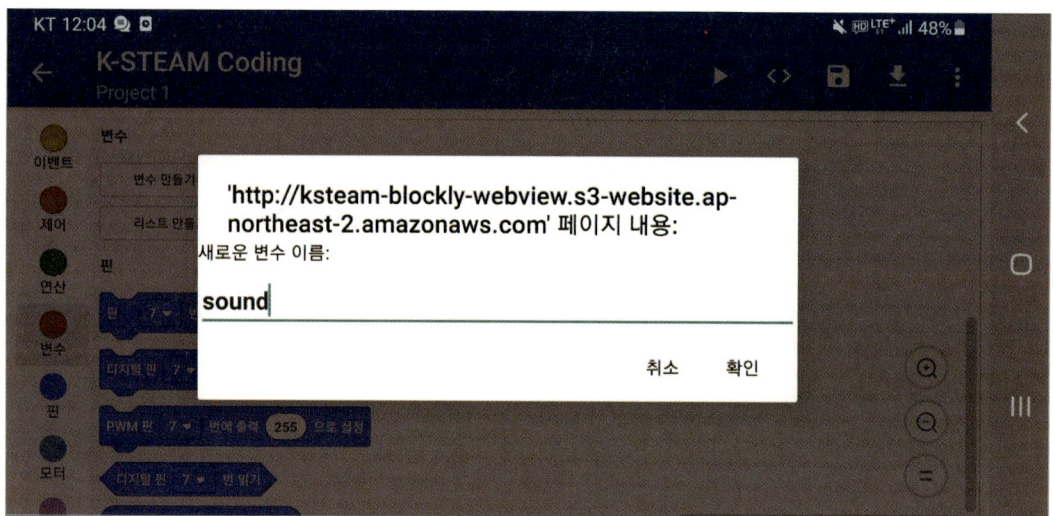

[그림 3-2] 변수 이름 설정하기

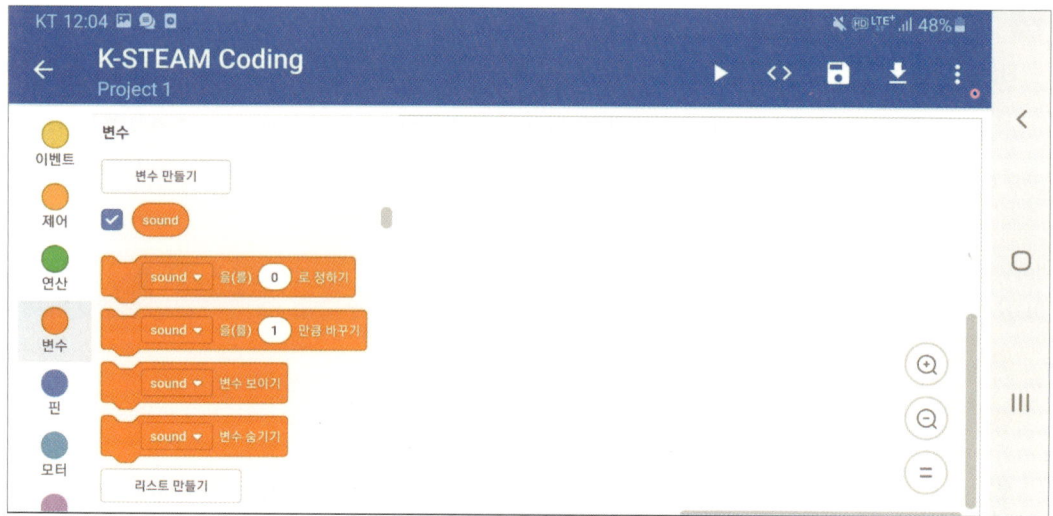

[그림 3-3] 변수 생성 확인하기

② 조건문으로 도트 매트릭스 제어하기

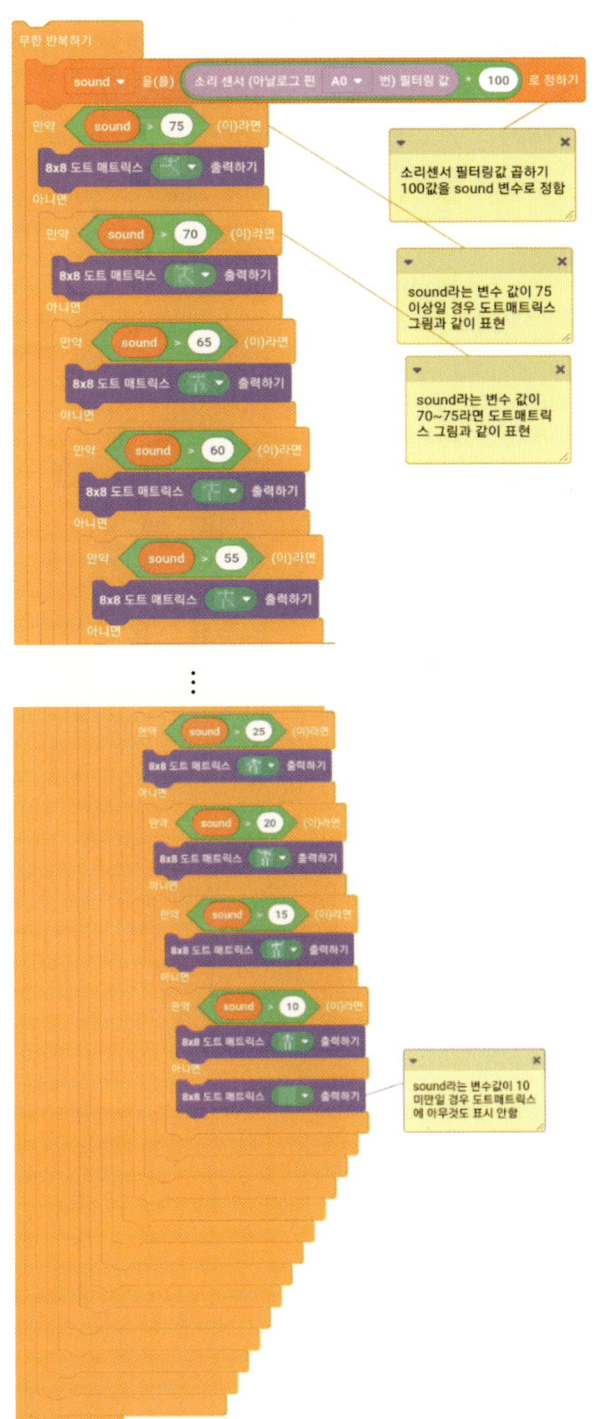

3 코딩 완성

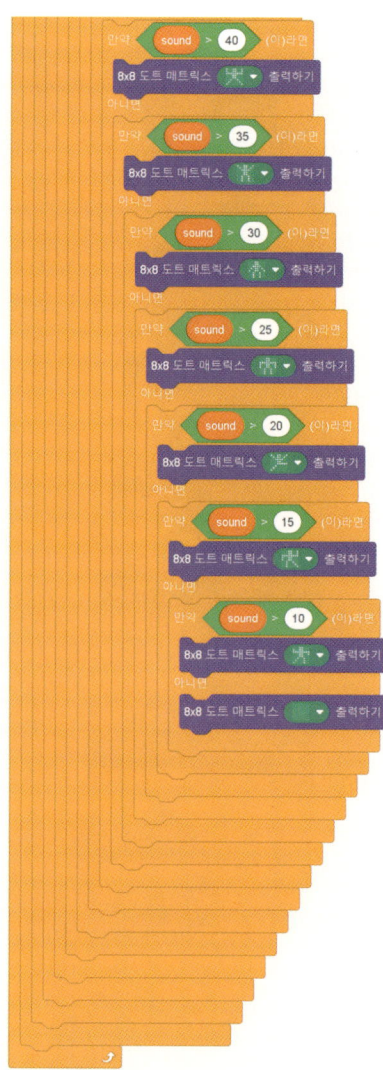

04 외관 구성

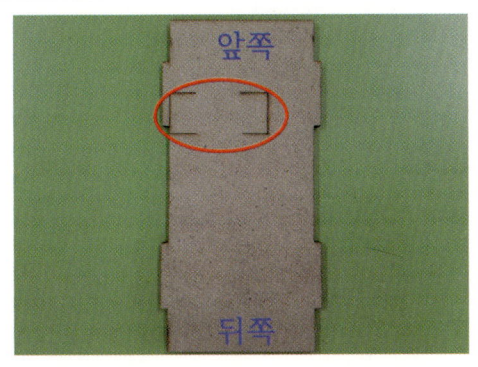

❶ 밑판을 사진처럼 배치한다.

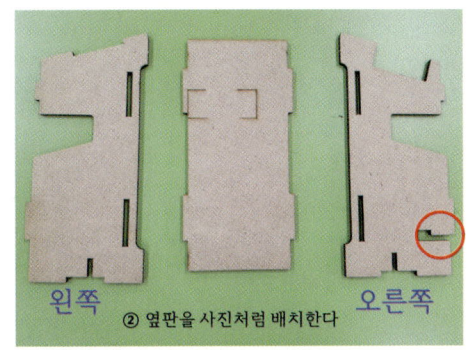

❷ 옆판을 사진처럼 배치한다.

❸ 왼쪽 옆판을 밑판에 끼운다.

❹ 건전지 거치대를 준비한다.

❺ 건전지 거치대를 옆판에 끼운다.

❻ 뒷판을 사진처럼 준비한다.

❼ 우노 보드를 뒷판에 끼운다.

❽ 우노 보드를 건전지 거치대 밑에 넣고 옆판과 뒷판을 맞춰 끼운다.

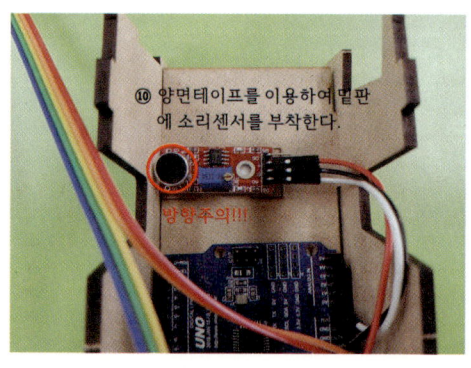

❾ 오른쪽 옆판을 뒷판에 끼운다.

❿ 양면 테이프를 이용하여 밑판에 소리 센서를 부착한다.

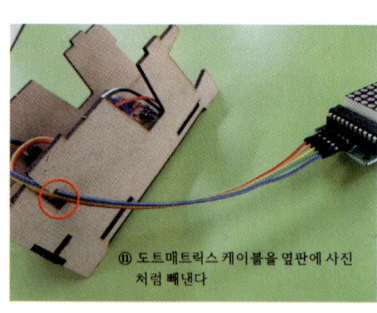

⓫ 도트 매트릭스 케이블을 옆판에 사진처럼 빼낸다.

⓬ 도트 매트릭스를 앞판에 끼운다.

⓭ 앞판을 양 옆판에 끼운다.

⓮ 건전지 분리판을 준비한다.

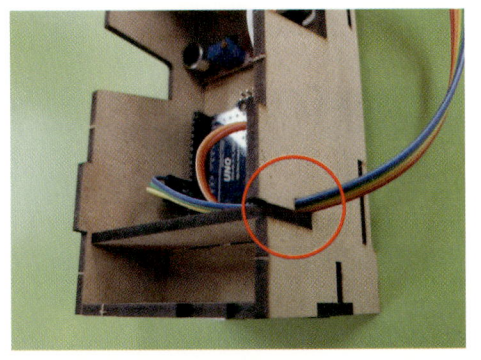

⓯ 건전지 분리판을 사진처럼 끼운다.

⓰ 건전지와 스냅 잭을 연결한다.

⓱ 건전지를 사진처럼 장착한다.

⓲ 위판 앞부분을 준비한다.

⑲ 위판 앞부분을 사진처럼 끼운다.

⑳ 위판 뒷부분을 준비한다.

㉑ 위판 뒷부분을 사진처럼 끼운다.

㉒ 완성된 작품

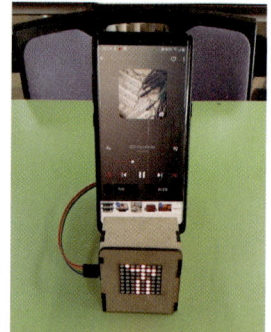

부록

01. 프로그래밍
02. 아두이노
03. 전기와 브레드 보드
04. 입력과 출력 Parts Name
05. 디지털 신호와 아날로그 신호
06. LED
07. 조도 센서
08. 택트 스위치
09. 피에조 부저
10. 초음파 센서
11. 모터
12. 적외선 센서
13. 도트 매트릭스
14. 네오픽셀
15. 온습도 센서
16. I2C LCD

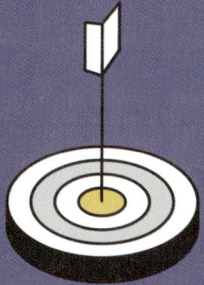

01 프로그래밍

컴퓨터는 이진법으로 구성된 **기계어**라는 언어를 사용한다. 기계어는 CPU가 직접 명령을 실행할 수 있도록 쓰인 컴퓨터 언어이며, 0과 1로만 구성되어 있다. 그렇기 때문에 일반적인 사람들이 기계어만을 가지고 작업하는 것은 매우 어렵다. 그래서 사람들은 기계어를 조금 더 효과적으로 사용할 수 있도록 '**어셈블리어**'라는 것을 만들었다. 기계어에서 사용하는 특정 숫자들을 사람들이 알기 쉬운 기호로 변환한 것이 어셈블리어이며, **저급 언어**(Low-Level-Language)로 분류된다. 어셈블리어는 사람을 위한 언어이기 때문에 기계어로 변환하는 과정이 필요한데, 이를 '**어셈블러**'라고 표현한다. 어셈블리어 역시 많은 공부가 필요했기 때문에 이를 좀 더 쉽고 추상적으로 표현할 수 있도록 만든 언어가 바로 오늘날의 C/C++, JS, Python과 같은 고급 언어(High-Level-Language)로 분류되는 프로그래밍 언어이다.

기존의 프로그래밍 언어는 텍스트 코딩(줄 코딩)을 기반으로 한다. 하지만 블록 코딩은 기존의 언어를 블록으로 변환하여, 프로그래밍 언어를 배우지 않았더라도 직관적으로 코딩할 수 있도록 설계되어 있다. 블록과의 조합을 통하여 자신이 원하는 기능을 쉽게 구현할 수 있어, 코딩을 처음 접하는 입문자에게 적합한 프로그래밍 방법이라고 할 수 있다.

기계어 - 어셈블리어 (저급 언어) - 프로그래밍 언어 (고급 언어)

02 아두이노

1. 아두이노의 정의와 특징 설명하기

아두이노는 마이크로컨트롤러를 통하여 다양한 기능을 제어할 수 있도록 만들어진 작은 기판이다. 일종의 작은 컴퓨터와 같이 프로그래밍을 통해 여러 동작을 제어하거나 추가할 수 있으며, 원격 조종(RC) 자동차나 드론과 같은 창작물을 만드는 것도 가능하다.

아두이노는 전문가가 아니더라도 쉽게 접근할 수 있는 오픈소스 하드웨어이다. 비전공자도 오픈되어 있는 코드들을 보면서 쉽게 따라하고 제작할 수 있기 때문에 많은 사람들이 아두이노를 사용하고 있는 추세이다. 사용하는 사람들이 늘어날수록 공유되는 오픈소스도 늘어나고, 고품질의 아두이노가 비교적 저렴한 가격으로 판매되면서 아두이노 시장도 점차 커지고 있다. 비전공자들도 쉽게 사용할 수 있다는 특성 덕분에 학생 교육용으로 많이 사용되고 있다.

2. 아두이노 UNO 보드의 기능 알아보기

① 마이크로컨트롤러

마이크로컨트롤러(MCU)는 마이크로프로세서와 입출력 모듈을 하나의 작은 칩으로 만들어 정해진 기능을 수행하도록 제작한 컴퓨터를 말한다. 보통 전자레인지, 전기밥솥, 에어컨 등 특정 기능만을 하게끔 제작된 전자기기들에 사용되고 있다. 사람으로 치면 '두뇌'와 같은 역할을 도맡고 있으며 가장 핵심적인 부분이라고 할 수 있다.

② USB 포트(USB 전원 커넥터)

USB 케이블을 이용하여 전원을 공급하고, 컴퓨터에서 작성한 프로그램을 시리얼 통신을 이용해 데이터를 전송할 때 사용된다.

③ 외부 전원 소켓(DC 전원 커넥터)

아두이노가 작동되려면 전원을 공급받아야 한다. 이를 위한 방법으로는 다음과 같이 총 세 가지가 있다.

1. USB 포트를 컴퓨터와 연결하여 전원을 공급한다.
2. 외부 전원 소켓에 DC 어댑터와 연결하거나 건전지를 이용하여 전원을 공급한다.
3. VIN 핀을 이용하여 전원을 공급한다. VIN 핀을 (+), GND에 (-)를 연결하여 외부 전원을 공급할 수 있으며, 이때 레귤레이터를 거치지 않기 때문에 과전압을 주지 않도록 유의해야 한다.

④ 전압 레귤레이터

아두이노에 공급되는 전압을 자동으로 조절하는 역할을 한다.

⑤ 리셋

리셋은 아두이노를 재설정할 때 사용된다. 아두이노에 업로드된 기존의 프로그래밍을 초기 상태로 돌려놓을 때 주로 사용한다. 리셋하는 방법은 다음과 같이 두 가지가 있다.

1. 리셋 버튼을 2~3초간 꾹 누른다.
2. 리셋 핀을 디지털 핀과 연결한 후, digitalWrite() 함수를 LOW로 설정하여 리셋한다.

보통 리셋 버튼을 이용하는 방법을 주로 사용한다.

⑥ 아날로그 핀 : A0 ~ A5 핀(6개)

아두이노 우노는 A로 시작하는 6개의 핀을 가지고 있는데, 이는 아날로그 값을 입력으로 받을 수 있어 아날로그 핀이라고 부른다. 주로 센서를 이용하여 측정한 값을 읽을 때 사용된다. 아날로그 핀은 입력되는 0~5V의 전압값을 0~1023의 정수값으로 변환시키는 기능을 가지고 있는데, 이를 ADC(Analog-to-digital converter)라고 부른다. 아두이노에서는 이러한 기능을 사용할 수 있도록 analogRead()라는 함수를 통해 제공하고 있다.

⑦ 디지털 핀 : 0~13핀(14개)

아두이노 우노는 0~13이라고 쓰여져 있는 14개의 디지털 핀을 제공하는데, 이중 "~"표시가 되어있는 핀은 PWM 핀(Pulse Width Modulation)이라고 한다. 디지털 핀의 경우 0과 1과 같이 참과 거짓으로 나뉠 수 있는 값들을 입력받을 때 주로 사용된다. 때문에 LED를 켜거나 끌 때, 피에조 부저를 켜거나 끌 때, 스위치의 전원을 켜거나 끌 때와 같이 on/off가 명확한 기능을 구현할 때 주로 사용된다.

아날로그 핀

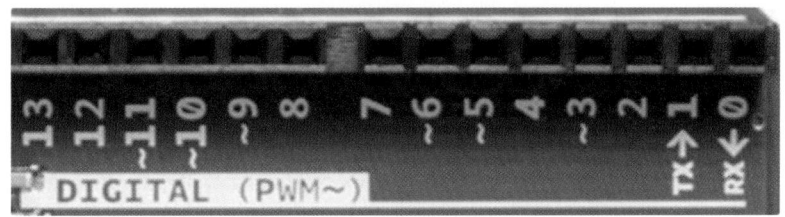

디지털 핀

⑧ PWM 핀 : 3, 5, 6, 9, 10, 11핀

디지털 핀의 일종이지만, 아날로그 형태로 값을 출력할 수 있는 핀을 의미한다. PWM은 Pulse Width Modulation의 약자로서, 디지털 출력 폭을 임의로 조절하여 마치 아날로그 형태처럼 값을 보이도록 하는 방법이다. 예를 들어 LED의 밝기를 중간으로 조절하고 싶다면 LED의 출력을 5V와 0V를 1:1 비율로 ON/OFF 함으로써 조절할 수 있다.

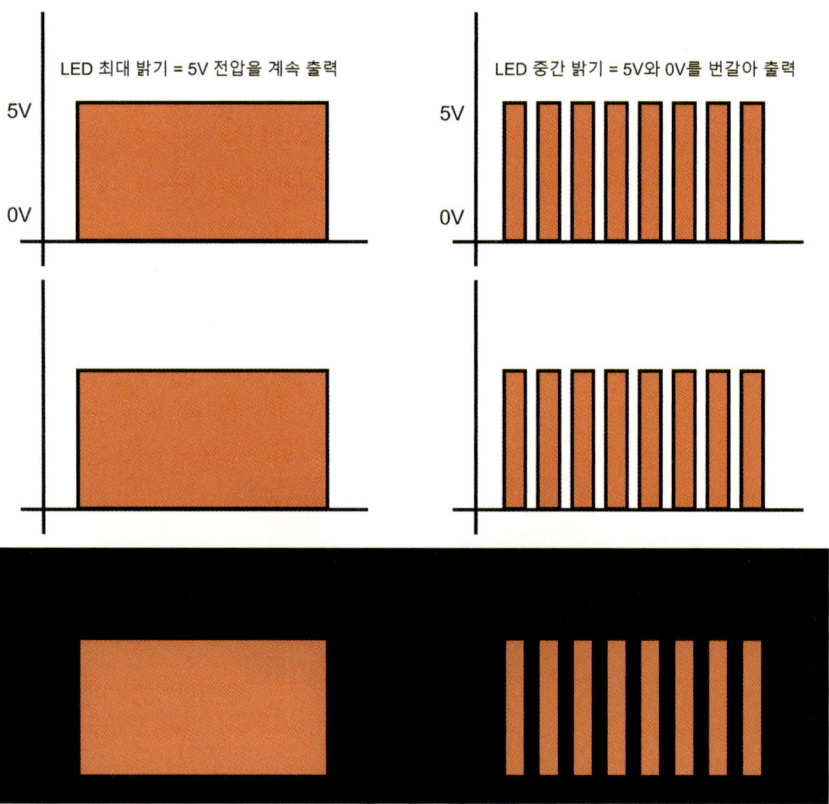

[LED 밝기를 PWM으로 조절하는 방법]

⑨ 전원 LED

전원 LED는 아두이노에 전원이 들어와 있음을 시각적으로 보여주는 역할을 한다.

⑩ RX, TX LED

RX는 수신, TX는 송신을 의미한다. 디지털 핀의 0번과 1번을 통해서 제어할 수 있다. 데이터를 전송할 때는 TX LED가 깜박이며, 데이터를 수신 중일 때는 RX LED가 깜빡거린다.

03 전기와 브레드 보드

1. 전기의 3요소

① 전압

전압은 전기장 안에서 전하가 가지고 있는 전위의 차이를 의미하며 전류를 흐르게 하는 힘이다. 폭포의 물이 위에서 아래로 떨어지듯, 전하도 전위가 높은 곳에서 낮은 곳으로 이동한다. 전위의 차이가 크면 클수록 전기 에너지는 크고, 전위의 차가 0이라면 전류가 0이다. 단위는 V(볼트)를 사용한다.

② 전류

전류는 전하의 흐름으로, 단위 시간 동안 흐른 전하의 양으로 값이 정의된다. 전류가 높다는 것은 전하가 많이 흐른다는 의미하며, 단위는 A(암페어)를 사용한다.

③ 저항

저항은 전류의 흐름을 방해하는 정도를 의미한다. 저항의 세기가 크면 클수록 전류의 흐름이 약해지게 된다. 이때, 저항에 의해 줄어드는 전기 에너지는 다른 형태의 에너지로 전환된다. 저항은 물체의 길이가 길고, 단면적이 작을수록 커지는 특성을 가지고 있다.

> *옴의 법칙
> 전압과 전류 저항의 관계를 표현한 법칙을 의미한다. [전압 = 전류 × 저항]으로 간단하게 표현할 수 있다. 회로를 구성할 때, 옴의 법칙을 이용하여 저항값을 조절하면 과전압이 발생하여 부품이 타버리는 현상을 방지할 수 있다.

2. 브레드 보드의 기능과 특징 알아보기

브레드 보드는 전자 회로를 구성하기 위해 사용하는 부품이다. 보통 회로를 구성할 때는 납땜이라는 과정을 통하여 부품을 고정시키는 과정이 필요한데, 브레드 보드는 납땜 과정이 필요 없어 편리하다는 점이 특징이다. 회로를 구성할 때에는 단순히 브레드 보드의 구멍에 꽂아 넣기만 하면 브레드 보드 내부의 철사들로 인해 전류가 흐르게 되고, 이로 인해 회로를 구성하는 시간을 효율적으로 줄일 수 있다.

브레드 보드의 내부는 아래 그림과 같이 연결되어 있다. 같은 선상에 있는 구멍들은 전부 연결되어 있어 같은 전류가 흐르게 된다. 예를 들어 LED를 브레드 보드에 부착하기 위해서는 아래 그림과 같이 같은 선상에 LED를 꽂는 것이 아니라 서로 다른 선상에 꽂아야 작동할 수 있다. 또한, 브레드 보드 상하에는 빨간색과 파란색으로 길게 연결된 부분이 있는데, 편의상 파란색 부분은 (+)를 연결하고 빨간색 부분은 (-)를 연결하여 주로 사용한다. 이때 해당 부분을 브레드 보드의 '버스 영역'이라고 부른다. 아두이노와 브레드 보드를 연결할 때에는 아두이노의 GND 핀을 주로 브레드 보드의 (-)버스에 연결한다.

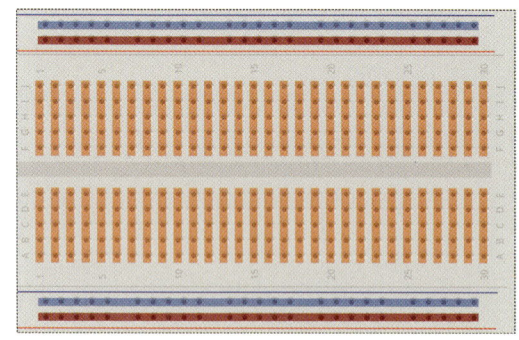

브레드 보드 내부 동일 라인   올바른 연결(좌), 잘못된 연결(우)

3. OTG란

K-STEAM은 스마트폰을 기반으로 코딩을 진행하기 때문에 아두이노와 스마트폰을 연결해야 한다. 아두이노와 컴퓨터를 연결할 때는 아두이노 케이블을 이용하여 USB 포트에 꽂으면 되지만, 스마트폰과 연결하기 위해서는 OTG를 이용하여 스마트폰 규격에 맞도록 설정해주어야 한다. 스마트폰 단자는 5핀과 C타입으로 나뉘는데, K-STEAM은 이에 맞는 OTG 단자를 각각 제공하고 있다. 사용할 스마트폰의 규격에 맞추어 해당 OTG를 아두이노 케이블의 USB 부분과 연결하면 아두이노에 코드를 업로드할 수 있다.

[OTG 단자의 5핀과 C타입 규칙]

04 입력과 출력 Parts Name

1. 입력과 출력의 정의

 입력은 데이터를 받는 모든 행위를 의미한다. 예를 들어, 컴퓨터를 사용하기 위해 마우스를 조작하거나 키보드를 이용하여 타이핑하며 정보를 입력하는 모든 작업이 '입력'이다. 여기서 마우스와 키보드는 입력 Parts Name이라고 한다.

 출력은 입력을 통해 받은 데이터를 외부로 결과를 내는 것 또는 결과물을 의미한다. 예를 들어, 컴퓨터를 통해 찾은 정보를 모니터를 통해서 확인하거나, 프린터를 통해 복사하는 등 데이터를 확인하는 모든 작업이 '출력'이다. 이때 모니터와 프린터는 Output Device라고 한다.

2. 입력 Parts Name과 Output Device의 예시 찾아보기

키보드

마우스

입력 Parts Name

모니터   스피커

Output Device

3. 아두이노 부품 중에서 입력 Parts Name과 Output Device 구분하기

Parts Name	Category
 택트 스위치	입력Parts Name
피에조 부저	Output Device
도트 매트릭스	Output Device

Parts Name	Category
 LED	Output Device
초음파 센서	입력Parts Name
LCD	Output Device

05 디지털 신호와 아날로그 신호

1. 디지털 신호와 아날로그 신호 구분하기

　디지털 신호는 0과 1의 값만을 가지고 있는 불연속적인 신호를 의미한다. 아래 그림처럼 구형파의 형태를 가지고 있다. 때문에 아두이노에서 디지털 신호는 on/off가 확실한 기능을 구현할 때 주로 사용된다. 반대로 아날로그 신호는 연속적인 값을 가지고 있는 신호를 말한다. 데이터를 연속적으로 처리할 수 있기 때문에 주로 값이 변화하는 기능을 구현할 때 사용된다. 대표적으로 온도 측정, 빛의 양 측정, 소리 측정 등 센서를 이용하여 값을 측정할 때 아날로그 신호를 주로 사용한다.

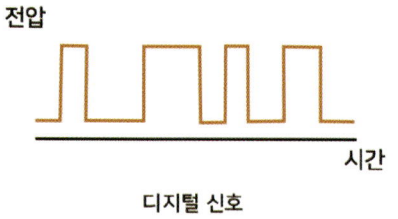
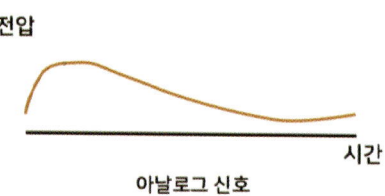

2. 우리 주변에서 아날로그 신호를 입력받는 Parts Name과 디지털 신호를 입력받는 Parts Name 찾아보기

Parts Name	Category
스위치	Digital Signal
바코드	Digital Signal

Parts Name	Category
ECG	Analog Signal
볼륨 조절기	Analog Signal

06 LED

1. LED 원리

LED는 순방향으로 전압을 가했을 때 빛을 내는 반도체 소자로, '발광 다이오드'라고도 불린다. LED의 다리 중 긴 다리를 양극(Anode), 짧은 다리를 음극(Cathode)이라고 한다. LED는 P형 반도체와 N형 반도체가 결합한 PN 접합 반도체로 구성되어 있다. P형 반도체 부분을 (+) 하여금 전압을 가해주게 되면, 전자가 (+) 쪽으로 끌려가게 되면서 전류가 흐르게 된다. 이렇게 P형 반도체에 전압을 가해주는 것을 '순방향 바이어스'라고 하며, 이때 에너지가 빛과 열에너지 형태로 방출되기 때문에 LED가 발광하는 것이다. 따라서 LED의 긴 다리에 (+), 짧은 다리에 (-)를 연결하면 올바르게 작동하는 것을 확인할 수 있다.

2. LED 특징

LED는 고효율, 저전력, 장수명이라는 특징을 가진 차세대 광원이다. 기존의 백열등과 비교하여 약 1/5 수준의 전력만을 소비하면서도, 1만에서 5만 시간 정도 사용할 수 있는 반영구적인 수명을 가지고 있기 때문이다. 게다가 환경 규제 물질인 수은을 사용하는 형광등과는 달리 LED는 수은을 사용하지 않기 때문에 이산화탄소를 발생시키지 않아 친환경적이다. 또한, 디지털 반도체의 일환이기 때문에 빛의 색상, 온도, 밝기 등을 제어하기 쉽다는 특징을 가지고 있다. 이러한 특징 때문에 TV, 신호등, 옥내외 전광판, 노트북, 컴퓨터 등 일상생활 속 제품들에서 쉽게 찾아볼 수 있다.

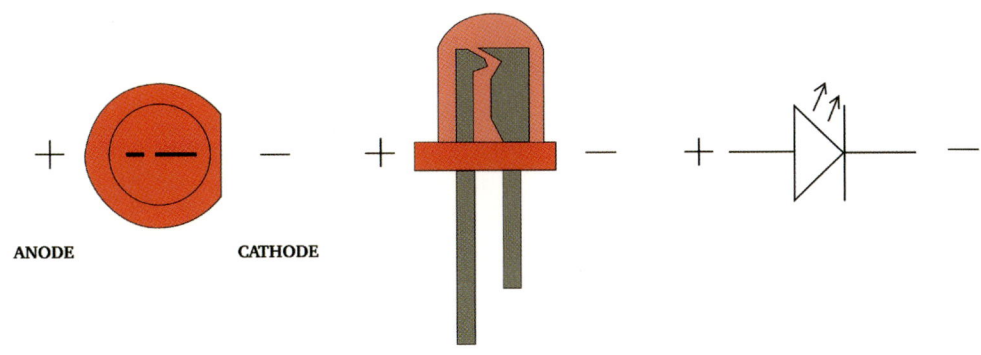

3. 아두이노를 통해 LED 활용하기

LED는 아두이노의 디지털 핀을 이용하여 사용할 수 있다. LED를 브레드 보드에 부착한 후, LED의 (+)극은 점퍼 케이블을 이용하여 아두이노의 디지털 핀과 연결하고, (-)극은 브레드 보드의 GND 부분과 연결한다.

아두이노의 GND와 5V를 브레드 보드 연결

LED와 아두이노 연결

07　조도 센서

1. 센서란?

　센서(Sensor)는 물질의 움직임이나 양, 온도와 같은 물리량이나 화학량을 감지하여 측정하는 Parts Name을 말한다. 센서는 목적에 따라 사용할 수 있는 종류가 여러 가지가 있는데, 대표적으로 조도 센서, 초음파 센서, 소리 센서, 온습도 센서 등이 있다. 일상생활 속에서는 화재경보기, 자동문, 비접촉 체온계 등 다양한 곳에서 활용되고 있다.

Parts Name	Category
조도 센서	빛의 세기를 측정할 때 사용
적외선 센서	물체의 움직임을 측정할 때 사용
초음파 센서	물체의 유무, 거리 및 속도를 측정할 때 사용
토양 수분 센서	토양 수분의 정도를 측정할 때 사용

2. 조도 센서의 원리와 활용 예시

　조도 센서는 주변 환경의 밝음 정도를 측정할 수 있는 센서를 의미한다. 아두이노에서 사용하는 조도 센서는 황화카드뮴(Cds)으로 구성된 소자를 사용하기 때문에 황화카드뮴 센서라고 불리기도 한다. 조도 센서는 극성이 없는 가변 저항이기 때문에 들어오는 빛의 양에 따라서 저항의 값이 바뀌게 된다.

　조도 센서는 빛의 양이 많을수록 전도율이 높아져 저항이 낮아진다. 즉, 조도 센서는 밝을수록 저항값이 낮아지고, 어두울수록 저항값이 높아진다. 이때, 주변이 너무 밝으면 저항값이 매우 낮아지면서 과전류가 흐를 수 있음에 주의해야 한다. 조도 센서는 저항의 값을 통하여 빛의 밝음 정도를 간접적으로 알 수 있는 것이기 때문에 직관적으로 보기 위해서는 별도로 코딩해야 한다. 조도 센서는 값이 저렴하고 크기가 작아서 아두이노 교육용으로도 많이 사용된다.

3. 조도 센서와 브레드 보드의 연결 방법

　일반적으로 다리가 두 개뿐인 조도 센서의 경우, 무극성 가변 저항이기 때문에 브레드 보드와 연결할 때 (+)극과 (-)극을 구분할 필요가 없다. 하지만 K-STEAM의 조도 센서는 모듈과 센서가 합쳐진 조도 센서 모듈의 형태이기 때문에 센서의 VCC 부분에는 브레드 보드의 (+) 버스 영역을, 센서의 GND 부분에는 브레드 보드의 (-) 버스 영역을 각각 연결해주어야 한다.

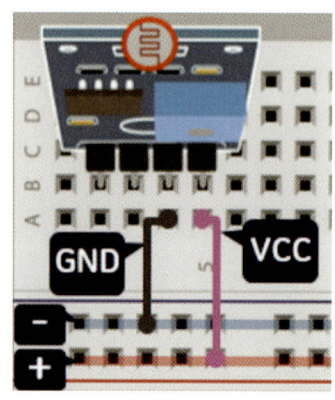 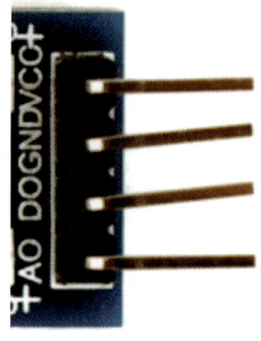

4. 조도 센서와 아두이노의 연결 방법

　조도 센서는 값이 유동적으로 변하는 아날로그 형태의 센서이다. 때문에 아두이노의 아날로그 핀인 A0 ~ A5 핀과 연결해야 한다. K-STEAM의 조도 센서 모듈에는 AO(Analog Output), DO(Digital Output), VCC, GND가 있는데, 조도 센서는 아날로그 형태의 값을 주로 입력받기 때문에 모듈의 AO 부분을 아두이노의 아날로그 핀과 연결하여 사용한다.

08 택트 스위치

1. 택트 스위치란?

택트 스위치는 전원의 On/Off를 조절할 수 있는 제어 Parts Name이다. 택트 스위치는 극성이 없기 때문에 브레드 보드에 연결할 때 (+)극과 (-)극을 신경쓰지 않아도 무방하다. 단, 스위치의 앞면과 옆면을 주의하여 연결해야 한다.

2. 택트 스위치의 작동원리

평소 택트 스위치를 누르지 않았을 때는 스위치가 끊긴(off) 상태를 의미하며, 오른쪽의 회로도처럼 서로 연결되어 있지 않음을 알 수 있다. 반대로 택트 스위치를 누르게 되면 스위치가 연결된 (on) 상태가 되며 회로가 서로 연결되면서 전류가 흐르게 된다.

 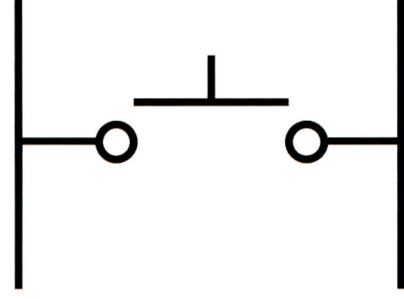

스위치를 누르지 않았을 때

 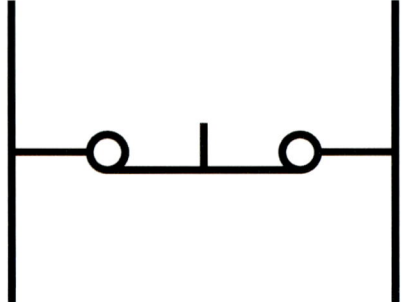

스위치를 눌렀을 때

3. 택트 스위치와 브레드 보드 연결하기

택트 스위치를 연결할 때는 앞면과 옆면을 주의하여 연결해야 한다. 택트 스위치의 앞부분이 브레드 보드의 버스 영역을 볼 수 있도록 부착해야 한다. 택트 스위치의 앞은 다리가 휘어진 부분이 같은 방향에 있을 때를 앞이라고 한다.

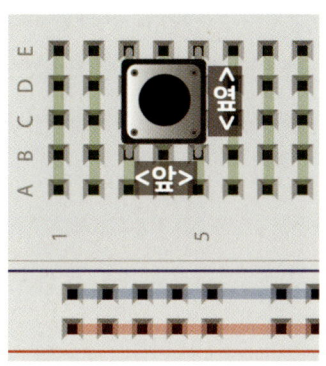

텍트 Switch 브레드 보드 연결 방법

택트 스위치 앞부분 (꺾인 방향 동일)

4. 택트 스위치와 아두이노 연결하기

택트 스위치는 눌렀을 때와 누르지 않았을 때 전류가 스위칭되는 성질을 이용하여 기능을 구현해야 한다. 이를 이용하여 기능을 제어하기 위해서는 한쪽 다리는 브레드 보드의 버스 영역과 연결하고 다른 쪽 다리는 아두이노의 디지털 핀과 연결한다.

택트 스위치와 아두이노 연결하기

09 피에조 부저

1. 피에조 부저 원리

피에저 부저는 압전 효과를 이용하여 소리를 내는 스피커이다. 압전 효과란 물체에 압력을 가했을 때 전압이 발생하고, 반대로 전압을 가하면 기계적인 변형이 일어나는 효과를 의미한다. 피에조 부저는 압전 효과를 이용해 부저 내부에 있는 얇은 판을 진동시켜 미세한 떨림으로 소리를 내는 것이다. 피에조 부저는 양극과 음극으로 이루어진 두 개의 단자가 있으며 다리가 긴 쪽 혹은 옆면에 홈이 파여 있는 부분이 (+)극, 아닌 쪽이 (-)이다.

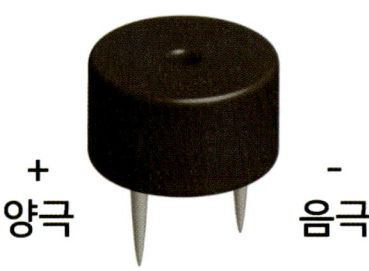

2. 피에조 부저의 종류

피에조 부저는 능동형 부조와 수동형 부저 두 가지로 나눠진다. 능동형 부저는 외부의 전원을 연결했을 때 바로 소리가 나는 부저를 말한다. 능동형 부저는 내부에 이미 회로를 가지고 있기 때문에 회로 속에 저장되어 있는 음을 이용하여 전원만 공급된다면 특정 소리를 출력하는 것이 가능하다. 하지만, 회로에 저장된 음밖에 사용하지 못해 소리를 다채롭게 낼 수 없다는 단점이 있다. 보통 "Remove Seal After Washing"이라는 문구가 적혀 있거나 밑면을 보았을 때 초록색 기판이 드러나 있지 않으면 능동형 부저이다.

반대로, 수동형 부저는 전원을 공급하더라도 소리를 바로 낼 수 없어 주파수를 이용하여 소리를 만들어야 한다. 음을 만들기 위해서는 아두이노의 tone 함수를 이용하며, 이를 통해 다양한 음을 만들 수 있다는 장점이 있다. 일반적으로 밑면을 보았을 때 초록색 기판이 드러나 있을 경우 수동형 부저이다.

능동형 피에조 부저   수동형 피에조 부저

3. 피에조 부저와 아두이노 연결하기

    K-STEAM에서 제공하는 피에조 부저는 수동형 피에조 부저이다. 때문에 피에조 부저의 (+)는 아두이노의 PWM 핀에 연결하고, 피에조 부저의 (-)는 브레드 보드의 (-)버스 영역과 연결해야 한다. 수동형 피에조 부저는 음의 높낮이를 조절할 수 있기 때문에 아날로그 형태로 출력해야 하기 때문에 PWM을 이용하여 제어해야 한다.

피에조 부저와 아두이노 연결하기

10 초음파 센서

1. 초음파 센서의 원리와 활용

초음파는 "초"와 "음파"가 합쳐진 것으로 인간이 들을 수 있는 가청 주파수(약 20~20,480Hz) 범위를 넘어간 음파라는 의미이다. 음파는 공기와 같은 매질이 진동하여 전달되어 사람의 귀에 들어가 고막을 진동시킨다. 이것이 사람이 소리를 듣는 과정과 원리이며, 이렇게 들을 수 있는 범위를 초월한 것이 초음파로써 높은 주파수(약 20kHz 이상)에 해당한다. 영어에서도 소리를 초월한다는 의미에서 초음파를 "Ultrasound"라는 단어로 표현하는데, 이는 "Ultra"와 "Sound"가 합쳐진 형태이다.

초음파 센서는 이러한 초음파를 이용하여 물체와의 거리를 측정하는 목적에서 개발된 전자 부품이다. 초음파 센서의 외관을 보면 동그란 형태로 2개의 압전 소자가 있으며, 한 쪽은 초음파를 내보내고 다른 한 쪽은 물체에 부딪혀서 돌아오는 초음파를 받아들인다. 이때 초음파가 부딪혀서 돌아오기까지의 시간 차를 거리로 계산하여 측정하는 방식으로 센서가 작동되는데, 초음파의 속력이 대략 340m/s 이므로 거리와 속력·시간 공식을 통해 계산될 수 있는 것이다. 이를 통해서 장애물의 유무나 물체와의 거리 등을 측정할 수 있어서 차량 전후방 감지, 주차장 차량 감지, 그리고 해저 지형 파악 등에 활용된다.

아두이노에서 주로 사용되는 초음파 센서는 HC-SR04라는 모델이며 이는 VCC, GND, Trig, Echo 총 4핀으로 이루어져 있다. 이때 Trig에서 초음파를 내보내고 Echo에서 받아들이는 형태로, 측정 유효 각도는 15도 이내에서 최대 4m까지의 거리 측정이 가능하다.

초음파 센서의 각 핀에 해당하는 의미를 차례대로 살펴보자면 아래와 같다.

VCC → + 전원을 의미한다.

Trig → 초음파를 내보내는 송신부를 의미한다.

Echo → 장애물에 부딪혀 되돌아오는 초음파를 감지하는 수신부를 의미한다.

GND → - 전원을 의미한다.

아래 그림처럼 초음파 센서는 두 개의 눈 중 한쪽에서 초음파를 발생시키고, 발생된 초음파가 장애물에 부딪혀 다시 되돌아오는 것을 감지하여, 거리를 측정한다.

2. 초음파 센서 연결 방법

• 브레드 보드와 연결할 때

브레드 보드에 그림과 같이 꽂은 뒤, 초음파 센서의 VCC라고 쓰여진 부분을 브레드 보드의 +버스에, 초음파 센서의 GND라고 쓰여진 부분을 브레드 보드의 - 버스에 연결하면 된다.

• 아두이노와 연결할 때

초음파 센서의 송신부(Trig) 핀과 수신수(Echo) 핀을 각각 디지털 핀에 연결하면 된다.

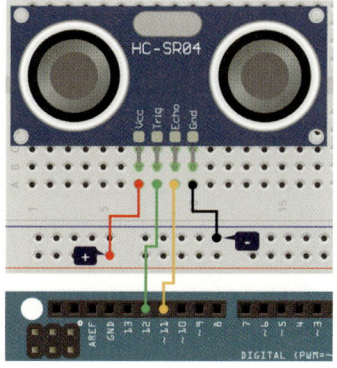

11 모터

1. 모터의 종류 및 작동 원리

'모터' 혹은 '전동기'는 전기 에너지를 운동 에너지로 변환하여 회전 또는 직선 운동의 동력을 얻는 기계 Parts Name이자 전자 부품이다. 모터의 종류는 크기, 제어 방식, 토크 등에 따라 다양하게 나누어지며, 대표적으로 아두이노와 함께 사용하는 것은 DC 모터와 서보 모터, 스텝 모터 등이 있다. 이때 모터의 종류가 다양하더라도 모두 동일한 원리로 작동이 되며, 이는 내부 자석에 의한 자기장과 중앙 축에 연결된 도선의 전류에 의해 전자력이 발생하여 회전력을 가지게 되는 것이다. 이러한 모터에 의해 물체의 위치나 각도를 제어할 수 있어서 로봇, 자동차 등 아주 다양하게 활용되고 있다.

DC 모터는 직류 전원을 사용하는 모터로써 구조가 단순하고 기동 토크가 큰 면에서 효율이 높아 가격이 저렴한 장점이 있다. 스텝 모터는 한 바퀴의 회전을 많은 수의 스텝들로 나누고 그 스텝에 따라 제어함으로써 정확한 회전, 방향, 속도를 제어할 수 있는 모터이다.

DC 모터   서보 모터   스텝 모터

2. 서보 모터의 정의와 원리, 활용 예시 알아보기

서보 모터는 일정한 각도만 움직이도록 고정되어 있다는 것이 특징이다. 보통 모터는 계속 회전하지만 서보 모터는 회전이 정해져 있다. 그래서 서보 모터는 정확한 움직임이 필요한 경우 사용하는 모터이다. 서보 모터의 서보(Servo)는 '추종한다' 혹은 '따른다'는 의미로서, 명령을 따르는 모터를 말한다. 보통 목표치에 대한 위치, 방위, 자세 등의 제어가 자동화되어 있는 Parts Name에 서보(servo)를 붙인다. 이와 같이 서보 모터는 모터와 기어 박스 그리고 제어 회로로 구성되어 있어, 특정 위치로 이동하거나, 특정한 수치(속도 등)만큼 가동시킬 때, 모터로부터의 피드백을 통해 정확하게 제어할 수 있는 구조를 갖추고 있다.

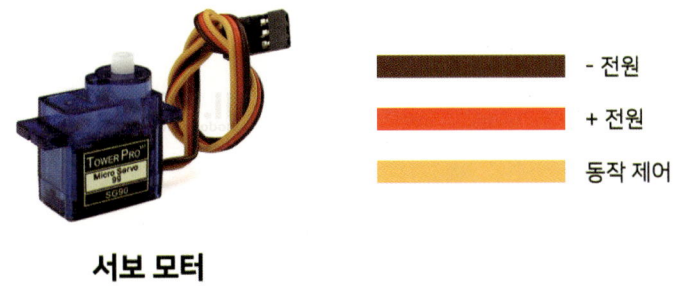

서보 모터

서보 모터는 일반적으로 0~180도 범위의 회전각을 가지며, 360도를 회전하는 모델도 있다. 서보 모터에는 3개의 단자가 있는데 각각의 단자에 대해서는 안내 문구가 써 있지 않으므로 별도의 핀을 구별하기 위해서는 케이블의 색을 유심히 봐야 한다. 일반적으로 3개의 케이블은 검은색(또는 갈색), 붉은색, 황색(또는 주황색, 흰색)으로 표시되어 있으며, 붉은색 선은 +전원, 검은색 선은 -전원에 연결되어 서보 모터에 전기를 공급하는 역할을 하며, 노란색 선은 서보 모터의 동작을 제어한다. 동작 범위는 제한적일지라도 힘이 강하고 정확한 위치를 제어할 수 있다는 점에서 로봇의 관절이나 차량의 방향타 등에 사용된다.

• 서보 모터 조종 원리

서보 모터의 회전 각도는 PWM(펄스 폭 변조) 방식으로 제어한다. 펄스의 길이에 따라 서보 모터가 회전하는 각도가 달라짐을 알 수 있다.

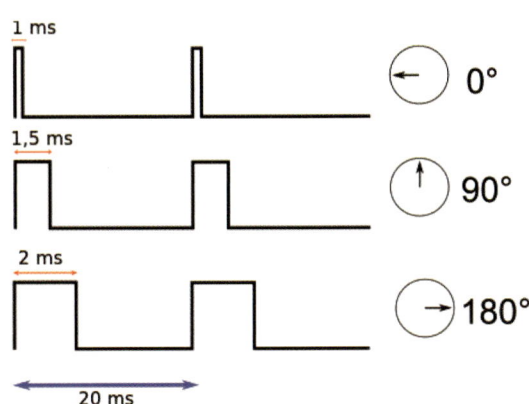

- **브레드 보드와 연결할 때**

서보 모터에는 별도로 핀의 의미가 표시되어 있지는 않지만, 서보 모터에 연결된 선의 색으로 단자를 구분할 수 있다. 갈색(검은색)과 붉은색이 각각 GND, VCC를 의미한다. 아래의 그림처럼 서보 모터의 갈색 선을 -버스에, 붉은색 선은 +버스에 연결하면 된다. 그리고 나머지 주황색(노란색 또는 흰색) 선은 아두이노 보드의 PWM 핀에 연결하여 사용하도록 한다.

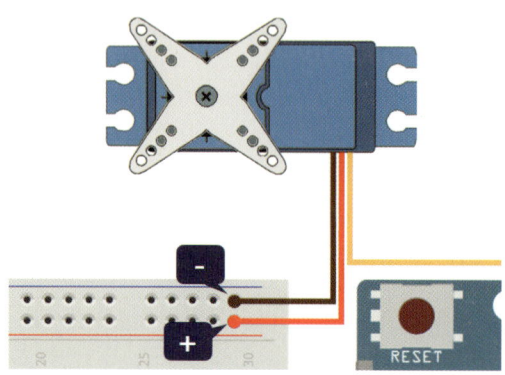

- **아두이노와 연결할 때**

브레드 보드를 사용하지 않고 아두이노와 직접적으로 연결할 때는 아두이노 보드의 POWER 부분과 디지털 핀에 연결하여 사용한다, 아래의 그림처럼 서보 모터의 갈색과 붉은색 선을 각각 아두이노 보드의 POWER 부분에 GND와 5V에 연결한다. 그리고 주황색 선은 아두이노의 디지털 핀 부분에 연결해주면 된다.

서보 모터를 사용할 때 주의할 점은 블록 코드를 구성하는 방법에 따라 사용 가능한 PWM 핀이 달라진다는 점이다. K-STEAM 앱을 사용하여 서보 모터를 제어하는 방법은 두 가지가 있다. '핀' 카테고리의 PWM 출력 설정 블록으로 제어할 때는 모든 PWM 핀을 사용할 수 있지만, '서보 모터' 카테고리의 각도 설정 블록으로 제어할 때는 아두이노 우노 보드의 9번 핀과 10번 핀의 PWM 동작을 사용할 수 없다. 아두이노 메가 보드의 경우에는 11번 핀과 12번 핀의 PWM 동작을 사용할 수 없다.

'서보 모터' 카테고리의 각도 설정 블록이 이와 같은 문제점을 가지고 있는 이유는, 블록 코드가 줄 코드(C++)로 변환되는 과정에서 Servo 라이브러리를 사용하기 때문이다. 따라서 헷갈리지 않도록 항상 서보 모터를 이 작동되지 않는 두 개의 핀을 제외하고 사용하는 것을 권장한다.

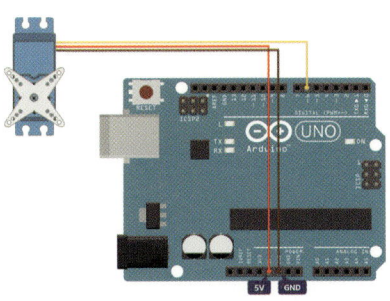

서보 모터와 아두이노 우노 보드의 연결 방법

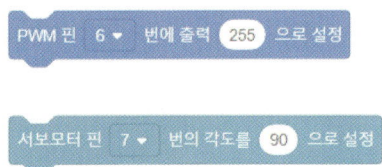

서보 모터를 제어하는 두 가지 블록

3. 모터 드라이버

모터에 전원을 연결하면 한 쪽으로만 회전하여 작동되기 때문에 방향을 바꿔주기 위해서는 추가적인 방안이 필요하다. 즉, 모터에 흐르는 전류의 방향이 바뀌어야 다른 쪽으로 회전이 가능하며, 이를 위해 활용되는 전자 부품이 모터 드라이버이다. 모터 드라이버를 통해 하드웨어적으로 전류의 방향을 바꿀 수가 있으며, 또한, 모터에 전류가 부족하면 추가적으로 공급해줄 수도 있다.

모터 드라이버의 종류는 다양하며 그중에서 L298N과 L9110이 자주 사용된다. L298N은 상대적으로 많은 전류가 필요한 모터를 제어할 때 사용되며, L9110은 적은 전류만으로도 작동이 가능한 소형 모터를 제어할 때 사용된다. 즉, 둘의 차이는 사용 가능 전압과 사용 가능 전류이다. 점퍼 핀을 꽂는 단자는 아두이노와 연결하며, 파란색의 볼트로 조이는 단자는 모터와 직접 연결되는 부분이다. 단, L298N의 앞쪽에 있는 파란색 단자 3개는 전원 공급과 관련이 있으므로 L298N 구조를 참고하는 것을 추천한다.

L298N

L9110

12 적외선 센서

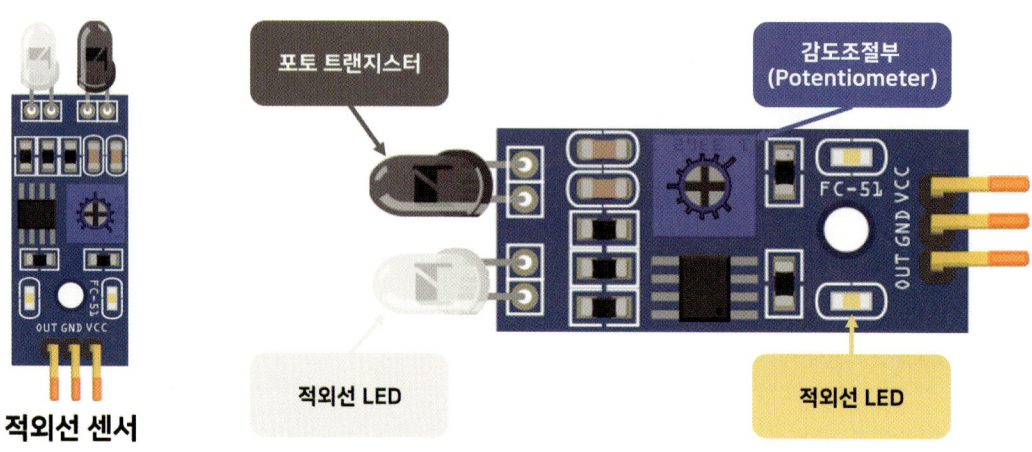

　적외선 센서는 물체에 적외선 LED를 비추었을 때 반사되어 포토트랜지스터에 빛이 들어오는 것을 데이터화한다. 적외선 LED는 흰색 때 반사되어 포토 트랜지스터에 빛이 들어오지만, 검정색 일 때는 반사가 되지 않아 포토 트랜지스터에 들어오지 않는다. 이를 통해 적외선 센서는 검정색 선을 체크할 수 있다. 검정색 라인을 쫓아갈 수 있다고 해서 라인트레이서 센서라고도 불린다.

13　도트 매트릭스

1. 도트 매트릭스란?

　도트 매트릭스는 각 행(ROW)과 열(COL)을 통한 전기 흐름을 제어함으로써 문자나 그림을 표기하기 위해 개발된 Output Device 중 하나이다. 점(Dot)을 행렬(Matrix)로 배치하여 문자나 그림을 표현할 수 있는데 컴퓨터에서 많이 사용한 픽셀아트에서 각각의 픽셀의 LED로 대체된 Output Device로 생각하면 된다. 도트 매트릭스는 도트의 자리에 LED를 배치하여 발광 효과를 줌과 동시에 발광 시간차를 이용한 스크롤링 효과도 부여할 수 있다. 또한 LED당 맥박수를 변경하여 디스플레이는 대략적인 밝기 수준을 나타낼 수 있다. 일반적으로 8×8, 16×16 사이즈 등의 형태가 있으며, 모듈 형태의 8×8이 대중적으로 사용되고 있는데 이는 LED가 가로 8개, 세로 8개의 행렬로 배열되어 있음을 의미한다. 도트 매트릭스 자체는 각 열과 행에 있는 핀마다 케이블을 연결해 배정된 LED를 켜고 끌 수 있도록 되어 있는데 이와 같은 구조로 사용할 경우 행 8개, 열 8개 총 16개의 핀이 필요하다. 하지만 16개의 핀을 사용하기에는 무리가 있기 때문에 일반적으로 모듈형으로 MAX7219칩이 내장된 도트 매트릭스를 사용한다. 따라서 5핀만 연결하여 64개의 LED를 제어할 수 있다. 한편 도트 매트릭스를 옆으로 이어서 여러 가지 형태를 만들기도 한다. 이러한 기능으로 문자, 기호, 그림을 나타내는 전광판에 많이 쓰인다.

2. 도트 매트릭스 핀

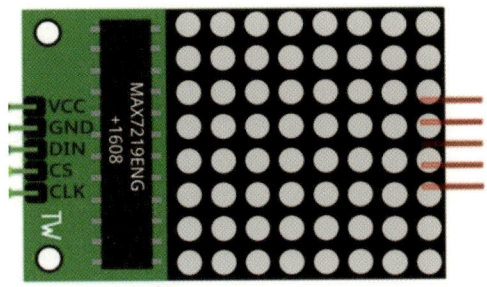

8×8 도트 매트릭스(MAX 7219)

핀 종류	기능	비고
VCC	전원 "+" 공급	voltage collector
GND	전원 "-" 공급	Negative supply ground
DIN	데이터 수신	Digita input
CS	컨트롤 칩 선택	Chip Select
CLK	시간 데이터 수신	Clodk pulse source

14 네오픽셀

1. 빛의 삼원색과 색의 삼원색

　빛의 삼원색은 빨간색, 초록색, 파란색을 말하며 이 세 가지 빛을 섞으면 다양한 색을 만들 수 있다. 빨강, 파랑, 노랑의 3원색을 여러 가지 비율로 섞으면 모든 색상을 만들 수 있는데, 반대로 다른 색상을 섞어서는 이 3원색을 만들 수 없다. 따라서 이 세 가지 색을 원색(primary color) 또는 1차색(primary color)이라고 하며, 원색은 기본적인 색으로, 다른 색들을 혼합하여 만들 수 없는 색, 즉, 서로 독립적인 색을 말한다. 원색을 섞어서 만들 수 있는 자홍(Magenta), 청록(Cyan), 노랑(Yellow) 등은 2차색(secondary color)이라고 한다. 빛의 3원색은 빨강(Red), 초록(Green), 파랑(Blue)의 머리글자만 따서 RGB라고 한다. 빨강과 초록을 합치면 노랑이 되고, 초록과 파랑을 합치면 청록(Cyan), 빨강과 파랑을 합치면 자홍색(Magenta)이 된다. 그리고 빛의 3원색을 모두 합치면 흰색(White)가 되는데 이는 색을 섞을수록 밝아지기 때문이다. 빛의 3원색은 주변에서 볼 수 있는 스마트폰의 액정, 모니터, 무대 조명 등과 같은 화면이나 조명에 사용된다.

　반면, 색의 삼원색은 빛의 삼원색과 다르다. 빛은 태양이나 전등 같은 발광체로부터 직접 오는 것이지만 물체가 가진 색은 반사된 빛의 색이다. 예를 들어, 미술 시간에 쓰는 물감 속에는 색소 물질이 들어 있어 다른 빛은 흡수하고 각자의 특유한 색만 반사한다. 색의 3원색은 노랑(Yellow), 청록(Cyan), 자홍색(Magenta)이며 빛의 2차색에 해당된다. 청록과 자홍색을 합치면 파랑(Blue)이 되고, 자홍과 노랑을 합치면 빨강(Red), 노랑과 청록을 합치면 초록(Green)이 된다. 빛의 3원색과는 달리 색의 3원색을 모두 합치면 검정색(Black)이 되는데 이는 색을 섞을수록 어두워지기 때문이다. 보통 인쇄에서는 검정색을 추가해서 CMYK로 표현한다. 이는 색의 3원색을 섞어 완전한 검은색을 만들 수가 없기 때문에 별도로 검은색을 사용하는 것이다.

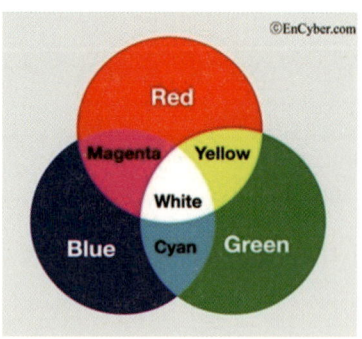
빛의 3원색

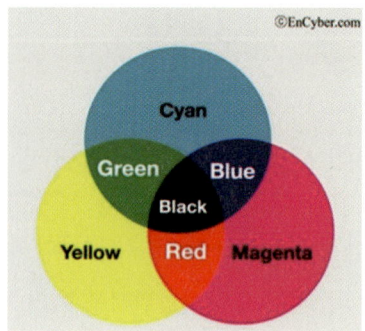
색의 3원색

2. 네오픽셀

네오픽셀은 다양한 색상을 낼 수 있는 LED의 한 종류이다. 대중적으로 널리 알려진 LED와는 다르게 여러 가지 색을 낼 수 있는데, 빛의 삼원색 원리를 이용하기 때문이다. 아두이노를 이용하여 RGB의 밝기를 조절하고 색을 혼합함으로써 다양한 색을 표현할 수 있다.

발광 다이오드 (LED)

네오픽셀

3. 네오픽셀과 브레드 보드 연결하기

네오픽셀의 5V는 브레드 보드의 (+)버스 영역과 연결한다. 네오픽셀의 GND는 브레드 보드의 (-) 버스 영역과 연결한다.

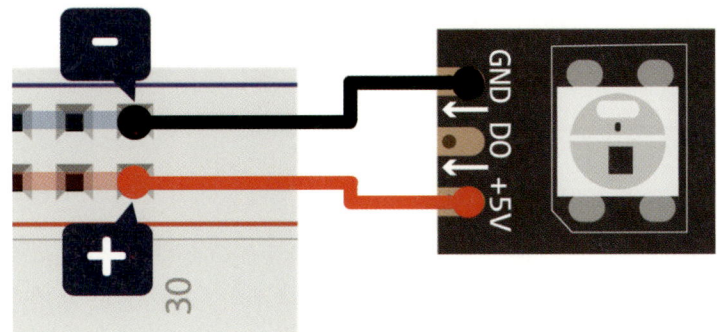

4. 네오픽셀과 아두이노 연결하기

네오픽셀의 DO는 아두이노의 디지털 핀과 연결한다. 단, 네오픽셀은 RGB의 값을 조절하여 연속적인 형태로 출력하기 때문에 PWM 핀과 연결하도록 한다.

15 ▸ 온습도 센서

1. 온습도 센서의 원리

K-STEAM이 제공하는 dht11 온습도 센서는 온도와 습도에 의해 저항값이 변하는 성질을 이용한다. 습도 센서 내부에 연결되어 있지 않은 두 개의 전극이 존재하는데, 이 전극들은 공기 중의 수분을 통해서 서로 전류가 미세하게 흐를 수 있는 구조로 되어 있다. 공기 중의 수분이 많으면 두 전극 사이의 전류가 더 잘 흐르게 되고, 이로 인해 발생하는 저항의 차이로 습도를 측정한다.

서미스터(thermistor)는 온도에 따라 물질의 저항이 변화하는 특성을 이용한 저항기이며, 온습도 센서에서 온도를 측정할 때 이를 활용한다. 온도에 따른 저항의 변화는 저항 변화율(k)로 표현할 수 있는데, 이는 [저항 변화율 = 저항온도계수 × 온도 변화량]을 의미한다. 이때, k의 값이 양수면 정특성 서미스터, k의 값이 음수이면 부특성 서미스터라고 정의한다. 온도 센서에서는 부특성 서미스터를 주로 사용한다.

2. 온습도 센서와 아두이노/브레드 보드 연결 방법

온습도 센서는 (+)핀, out 핀, (-)핀으로 구성되어 있다. 이때, (+)핀은 브레드 보드의 (+)버스 영역과 연결하고, (-)는 브레드 보드의 (-)버스 영역과 연결한다. 마지막으로 온습도 센서의 out 핀은 아두이노의 디지털 핀과 연결한다.

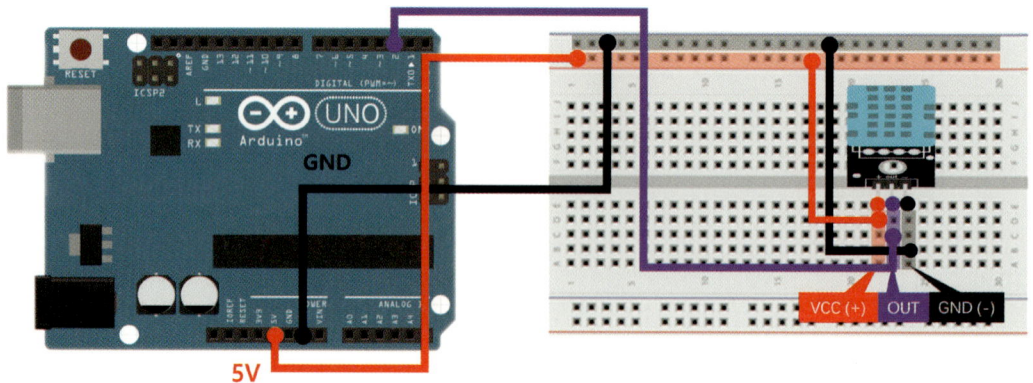

16 I2C LCD

1. I2C LCD 원리

LCD는 액정 디스플레이 또는 액정 표시 Parts Name라고 불리는 Output Device이다. 여기서 액정은 유체와 고체의 성질을 동시에 가지는 물질로, 평소에는 불규칙적으로 배열되어 있지만, 전기적 신호를 가하면 원하는 방향으로 정렬시킬 수 있는 특징을 가지고 있다. LCD는 이러한 성질을 이용하여 백라이트 - 1차 편광판 - 액정 - 2차 편광판 순서로 기판을 제작하여 편광판에 걸러지는 빛의 양을 통해 이미지 또는 문자를 출력한다.

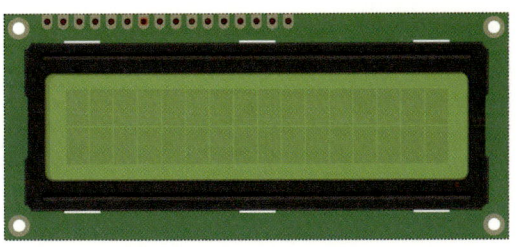

LCD (Liquid Crystal Display)

2. LCD 행과 열

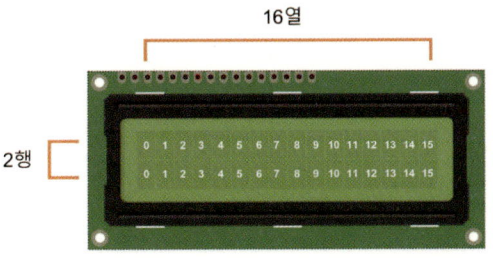

16×2 LCD는 16열 2행으로 구성된 화면에 문자와 숫자 등을 출력할 수 있다. 여기서 행(row)은 가로줄을 의미하며, 열(column)은 세로줄을 의미한다. 아두이노는 LCD를 제어하기 위해서 LiquidCrystal I2C 라이브러리를 제공하고 있다. LCD의 글자가 밝거나 어두운 경우, LCD 뒷면

의 파란색 십자 나사를 돌려 밝기를 조절할 수 있다.

3. LCD 회로 연결

　LCD 뒷면 I2C 모듈에는 GND, VCC, SDA, SCL 총 4개의 핀이 있다. LCD의 SDA와 SCL은 아두이노 우노 보드의 SDA, SCL 핀에 연결하거나 A4 핀과 A5 핀에 연결한다. LCD의 GND와 VCC는 각각 브레드 보드의 (-)버스 영역, (+)버스 영역과 연결한다.

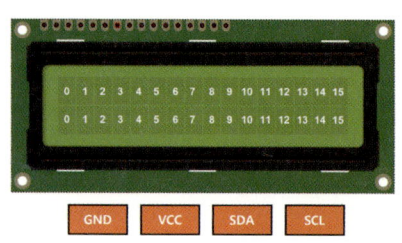

이름	기능
GND	브레드 보드의 (-) 버스 영역
VCC	브레드 보드의 (+) 버스 영역
SDA	우노 보드의 SDA or 우노 보드의 A4 핀
SCL	우노 보드의 SCL or 우노 보드의 A5 핀

4. LCD 핀의 기능

이름	기능	비고
VCC	전원 공급	(+) 극
GND	접지	(-) 극
SDA	데이터 정보 송신 및 수신	= Serial Data
SCL	시간 데이터 전달	= Serial Clock